U0136859

華志文化

華志文化

墨家學說的10個觀點：
● 兼愛 ● 非攻 ● 尚賢 ● 尚同 ● 非命
● 天志 ● 明鬼 ● 節用 ● 節葬 ● 非樂

《墨經》的範圍，涉及到哲學、邏輯學都有研究。墨子在軍事學、工程學、力學、幾何學、光學上都有相當的貢獻，先秦的科學技術成就大都依賴《墨子》以傳。

墨子聽見有某國要攻人的國，就去勸止他。若勸他不聽，他便帶起一群門生去替那被攻的國家防禦。有這一著，非攻主義才能貫徹。

《墨子》是先秦時期墨家學派的典籍，現存五十三篇，一般認為是由墨子的弟子及其後學在不同時期記述編纂而成。

中國歷史上第一位思想家、實踐家的「聖人」

墨子全書

墨子 ◎ 原著

國學經典
原味呈現

導讀

　　墨子，名翟（ㄉㄧˊ），魯國（一說宋國）人，生卒年無法確考，生活年代大約在西元前468年到西元前376年之間，即戰國初期。

　　墨家學說，可歸納為十個方面，即兼愛、非攻、尚賢、尚同、非命、天志、明鬼、節用、節葬、非樂。其中最基本的出發點就是「兼愛」。

　　墨子是中國歷史上第一位集思想家、實踐家為一身的「聖人」，他所創立的墨家學說與孔子所創立的儒家學說，在當時即並稱「顯學」。遺憾的是，隨著封建國家的統一及統治者的「獨尊儒術」，秦漢之後墨學漸漸衰微，近兩千年的漫長歷史中，墨學幾乎被湮沒。直到清朝末年，西學東漸，有關人士才認識到墨學的價值，經孫詒讓、梁啟超、胡適等人大力著述，墨學才為世人所重新認識。

　　墨家的經典是《墨子》，據學者考證，《墨子》係西漢劉向輯墨家門徒記述墨子言行的記錄，而後編纂成集。後經東漢史學家班固重新加以編輯，定為七十一篇。可是到了宋代，只剩下六十二篇。由於種種原因，現存僅五十三篇。其中的《經》上、下和《經說》上、下四篇，以及《大取》、《小取》共六篇，後世一般稱作《墨經》。值得一提的是，《墨經》是一部百科全書式的著作，其內容包括哲學、邏輯學、自然科學，所以《墨

經》又可算作中國歷史上第一部自然科學專著。

　　本書以孫詒讓《墨子閒詁》為底本，加以注譯，對個別篇幅太長者，又略有刪節。孫氏的重要考訂成果，予以吸收，不再一一說明。《墨經》的篇目，主要屬邏輯學的範圍，同時涉及到數學、力學、光學等問題；「備城門」、「備梯」等十一篇，屬攻戰等兵法方面的範圍。由於這兩部分太長，本書未予選錄。

　　由於譯注者水準所限，書中定有不恰當之處，請方家指正為盼。是幸。

前言

　　墨學所標綱領，雖有十條，其實只從一個根本觀念出來，就是兼愛。孟子說：「墨子兼愛，摩頂放踵，利天下為之。」這兩句話實可以包括全部墨子。「非攻」是從兼愛衍出來，最易明白，不用多說了。「節用」「節葬」「非樂」，也出於兼愛。因為墨子所謂愛是以實利為標準；他以為有一部分人奢侈快樂，便損了別部分人的利了；所以反對他。「天志」「明鬼」，是借宗教的迷信來推行兼愛主義。「非命」，因為人人信有命便不肯做事不肯愛人了，所以反對他。

　　墨子講兼愛，常用「兼相愛交相利」六字連講，必合起來，他的意思才明。兼相愛是理論，交相利是實行這理論的方法。兼相愛是托爾斯泰的利他主義，交相利是科爾璞特金的互助主義。試先述墨子兼愛的理論：

　　「聖人以治天下為事者也。不可不察亂之所自起。當（通嘗）察亂何自起？起不相愛……子自愛不愛父，故虧父而自利。弟自愛不愛兄，故虧兄而自利。臣自愛不愛君，故虧君而自利……雖父之不慈子，兄之不慈弟，君之不慈臣……皆起不相愛……盜愛其室不愛其異室，故竊異室以利其室。賊愛其身不愛人，故賊人以利其身……大夫各愛其家不愛異家，故亂異家以利其家。諸侯各愛其國不愛異國，故攻異國以利其國……」

（《兼愛上》）

此言人類種種罪惡，都起於自私自利。但把自私自利的心去掉，則一切罪惡，自然消滅。然則用什麼方法去掉這自利心呢？墨子說：

「凡天下禍篡怨恨……以不相愛生也。是以仁者非之。既以非之，何以易之？……以兼相愛交相利之法易之。」（《兼愛中》）

「非人者必有以易之。若非人而無以易之……其說將必無可焉。是故子墨子曰：『兼以易別。』……吾本原兼之所生，天下之大利者也。吾本原別之所生，天下之大害者也……以兼為正，是以聰耳明目，相與視聽乎？是以股肱畢強，相為動宰乎？而有道肆相教誨。是以老而無妻子者，有所持養以終其壽，幼弱孤童之無父母者，有所放依以長其身……」（《兼愛下》）

墨子最要緊一句話，是「兼以易別」。他替當時的君主起一個綽號，叫做「別君」，替當時士大夫起一個綽號，叫做「別士」。他們的「墨者」，自己就號做「兼士」。兼和別的不同在哪裡呢？老實說一句：承認私有權的叫做「別」，不承認私有權的叫做「兼」。向來普通的教義，都是以自己為中心，一層一層的推出去。所以說：「天下之本在國，國之本在家，家之本在身。」孔子講的社會倫理，都以此為立腳點。所以最要緊是一個「恕」字，專以己度人。既已愛自己，便連自己同類的人也要愛他；愛自己的家，也愛別人的家；愛自己的國，也愛別人的國。孔子講的泛愛，就是從這種論式演繹出來。但孔子和墨子有根本不同之處。孔子是有「己身」「己家」「己國」的觀念，既已有個「己」，自然有個「他」相對待；「己」與「他」之間，總不能不生出差別。所以有「親親之殺尊賢之等」；在舊社會組織之下，自然不能不如此。墨子卻以為這種差別觀念，就是社會罪惡的總根源，一切乖忤，詐欺，盜竊，篡奪，戰爭，都由此起。（《兼愛中》篇云：「是故諸侯不相

愛，則必野戰。家主不相愛，則必相篡。人與人不相愛，則必相賊。君臣不相愛，則不惠忠。父子不相愛，則不慈孝。兄弟不相愛，則不和調。天下之人皆不相愛，強必執弱，富必侮貧，貴必敖賤，詐必欺愚。凡天下禍篡怨恨，其所以起者，以不相愛生也。」）因為既有個己身以示「別」於他身，到了彼我利害衝突時候，那就損害他身以利己身，也顧不得了。既有個己家己國以示「別」於他家他國，到了彼我利害衝突時候，那就損害他家他國以利己家己國，也顧不得了。在這種組織之下講泛愛，墨子以為是極矛盾，極不徹底。他說：

「愛人，待周愛人然後為愛人。不愛人，不待周不愛人。不周愛，因為不愛人矣。」（《小取》）

他的意思以為：不必等到什麼人都不愛才算不愛人，只要愛得不周遍，（有愛有不愛）便算不愛人了。差別主義，結果一定落到有愛有不愛，墨子以為這就是「兼相愛」的反面，成了個「別相惡」了。所以說：「本原別之所生，天下之大害。」

然則兼相愛的社會便怎麼樣呢？墨子說：

「視人之室若其室，誰竊？視人之身若其身，誰賊？視人家若其家，誰亂？視人國若其國，誰攻？」（《兼愛上》）

簡單說：把一切含著「私有」性質的團體都破除了，成為一個「共有共用」的團體，就是墨子的兼愛社會。

這種理論，固然是好，但往古來今許多人，都疑他斷斷不能實現。當時就有人詰難墨子，說道：「即善矣，雖然，豈可用哉？」墨子答道：「用而不可，雖我亦將非之。焉有善而不可用者？」（《兼愛下》）墨子是一位實行家，從不肯說一句偏於理想的話。他論事物的善惡，專拿有用無用做標準。他以為「善」的範圍和有用的範圍，一定適相吻合。若不能適用的事，一定算不得「善」。他的根本觀念既已如此，所以他自然是確信兼愛社會可以實現，才肯如此主張。墨子何以證明他必能實現呢？墨子以為從人類的利己心，也可以得著反證。他說：

「吾不識孝子之為親度者，亦欲人愛利其親與？意欲人之惡賊其親與？以說觀之，即（同則）欲人之愛利其親也。然即（同則）吾惡（同何）先從事即（同乃）得此？若我先從事乎愛利人之親，然後人報我以愛利吾親乎？意我先從事乎惡賊人之親，然後人報我以愛利吾親乎？即（同則）必吾先從事乎愛利人之親，然後人報我以愛利吾親也……大雅之所道曰：『無言而不仇，無德而不報。投我以桃，報之以李。』此言愛人者必見愛也，而惡人者必見惡也。」（《兼愛下》）

墨子還引許多古代聖王兼愛的例證，如成湯為民求雨以身為犧牲之類，說明兼愛並不是不能實行。古代社會，是否有這種理想的組織，我們雖不敢輕下判斷；但現在俄國勞農政府治下的人民，的確是實行墨子「兼以易別」的理想之一部分。他們是否出於道德的動機，姑且不論；已足證明墨子的學說，並非「善而不可用」了。

墨子的兼愛主義，和孔子的大同主義，理論方法，完全相同。但孔子的大同，並不希望立刻實行；以為須漸漸進化，到了「太平世」才能辦到。在進化過渡期內，還拿「小康」來做個階段。墨子卻簡單明瞭，除了實行兼愛，不容有別的主張。孔、墨異同之點在此。

非攻主義，是由兼愛主義直接衍出。既已主張兼愛，則「攻」之當「非」，自然不成問題，為什麼還要特標出來做一種主義呢？因為當時軍國主義，已日見發達；多數人以為國際上道德和個人道德不同，覺得為國家利益起見，無論出什麼惡辣手段都可以。墨子根本反對此說。他說：

「今有一人，入人園圃，竊其桃李，眾聞則非之，上為政者得則罰之。此何也？以虧人自利也。至攘人犬豕雞豚者，其不義又甚入人園圃竊桃李。是何故也？以虧人愈多，其不義茲甚，罪益厚。至入人欄廄取人牛馬者，其不仁義又甚攘人犬豕雞豚。此何故也？以虧人愈多。苟虧人愈多，其不仁茲甚，罪

益厚。至殺不辜人也,拖其衣裘,取戈劍者,其不義又甚入人欄廐取人牛馬。此何故也?以其虧人愈多。苟虧人愈多,其不仁茲甚矣,罪益厚。當此天下之君子皆知而非之,謂之不義。今至大為攻國,則弗知非,從而譽之謂之義,此可謂知義與不義之別乎?殺一人謂之不義,必有一死罪矣。若以此說往,殺十人,十重不義,必有十死罪矣;殺百人,百重不義,必有百死罪矣。當此天下之君子皆知而非之,謂之不義。今至大為不義攻國,則弗知非,從而譽之謂之義。情不知其不義也,故書其言以遺後世;若知其不義也,夫奚說書其不義以遺後世哉?今有人於此,少見黑曰黑,多見黑曰白,則以此人不知白黑之辨矣。少嘗苦曰苦,多嘗苦曰甘,則必以此人為不知甘苦之辨矣。今小為非則知而非之;大為非攻國則不知非,從而譽之謂之義,此可謂知義與不義之辨乎?是以知天下之君子也,辨義與不義之亂也。」(《非攻上》)

墨子這段話,用極嚴密的論法,辯斥那些「褊狹的愛國論」,可謂痛快淋漓。不獨是發明「非攻」真理,而且教人將所得的觀念來實地應用。讀此並可以知道墨子做學問的方法了。

反對戰爭的議論,春秋末年已經萌芽。宋向戌倡晉、楚弭兵,就是一種趨時之論。但這是政治家的策略,彼此並無誠意,正與前俄皇亞力山大提倡海牙平和會相同,在思想界可謂毫無勢力。孟子的「春秋無義戰」,算是有力的學說,可惜措詞太隱約了。認真標立宗旨,大聲疾呼,墨子算是頭一個。後來尹文、宋鈃,都是受墨子學說的影響,繼續鼓吹。但墨子還有格外切實可行的地方,和普通之「寢兵說」不同。墨子所「非」的,是「攻」,不是「戰」。質言之,侵略主義,極端反對;自衛主義,卻認為必要。墨子門下,人人都研究兵法。本書《備城門》以下十一篇所講都是。墨子聽見有某國要攻人的國,就跑去勸止他。若勸他不聽,他便帶起一群門生去替那被攻的國

辦防守。有這一著，然後非攻主義才能貫徹。墨子所以異於空談弭兵者在此。

梁啟超（1873～1929），字卓如，號任公，又號飲冰室主人，廣東新會人，中國資產階級啟蒙思想家，政治活動家、教育家、學術大師。早年參加維新變法運動，失敗後致力於介紹西方先進思想。在學術研究特別是中國歷史文化的研究方面取得了非凡成就。一生著作宏富，成為一代宗師。上文錄自《墨子學案》第二章（《飲冰室合集》中華書局1936年版）。(代序)

目錄

◎親 士

題解

　　本篇重點論述了國君知人善任，親近賢才的重要性，認為親近賢才是關係到國家生死存亡的大事，並指出國君應當摒棄諂媚之徒，允許臣子提出不同意見，進行廣泛爭辯。只有廣開言路，才能接受善議，以得民心。同時，本篇還認為作為聖人，必須有廣闊的胸懷，善於容物容人，順應事物發展的客觀規律，去解決實際問題，以將王者之德從宮中流布民間，遍施天下。

原文

　　入國而不存其士①，則亡國矣。見賢而不急，則緩其君矣②。非賢無急，非士無與慮國。緩賢忘士，而能以其國存者，未曾有也。

　　昔者文公出走而正天下③；桓公去國而霸諸侯④；越王勾踐遇吳王之醜而尚攝中國之賢君⑤。三子之能達名成功於天下也，皆於其國抑而大醜也⑥。太上無敗⑦，其次敗而有以成，此之謂用民。

注釋

　　①入國：治理國家。
　　②緩：怠慢，耽誤。
　　③文公：晉文公，名重耳。春秋時晉國的國君。　出走：逃亡。
　　④桓公：齊桓公，名小白。春秋時齊國國君。
　　⑤遇：遭遇，遭受。　吳王：名夫差。春秋時吳國國君。　攝：

震懾。 中國：中原地區的諸侯國。

　　⑥抑：容忍，忍耐。

　　⑦太上：最好的。

譯文

　　治理國家，如果不體恤愛護有才能的人，那麼國家就會滅亡。看到賢能的人不立即親近，那麼這是對國君的怠慢。沒有賢才就不能應付急難，沒有士人就無法考慮國家大事。怠慢賢才，忘記士人，而能夠使國家長治久安的，從來不會有這樣的事。

　　從前晉文公重耳逃亡國外，而後匡正天下；齊桓公離開國家，而後稱霸於諸侯；越王勾踐遭遇吳王夫差滅國的恥辱，而後成為震懾中原諸侯國的賢君。三人之所以能夠揚名天下，取得成功，都是由於對治理國家能夠忍耐奇恥大辱。最好的是不要失敗，其次失敗了而能夠成功，這叫做善於用人。

原文

　　吾聞之曰：「非無安居也，我無安心也；非無足財也①，我無足心也。」是故君子自難而易彼，眾人自易而難彼。君子進不敗其志②，內究其情③；雖雜庸民，終無怨心，彼有自信者也。是故為其所難者，必得其所欲焉；未聞為其所欲，而免其所惡者也。是故逼臣傷君④，諂下傷上。君必有弗弗之臣⑤，上必有詻詻之下⑥，分議者延延⑦，而支苟者詻詻⑧，焉可以長生保國。

注釋

　　①足：充足，滿足。

　　②敗：衰敗，喪失。

③內：退。

④逼臣：寵愛的臣子。

⑤弗弗之臣：直言進諫的臣子。

⑥詻詻（ㄜˋ、ㄜˋ）之下：敢於爭辯的臣子。

⑦分議：爭議，議論。 延延：不停止。

⑧支苟：意見分歧。

譯文

我聽說：「不是沒有安定的住所，而是自己沒有安定的心；不是沒有滿足的財物，而是自己沒有滿足的心。」因此，君子自己承擔艱難，將容易的事讓給別人；大多數人自己承擔容易的事，將艱難推給別人。君子受重用時不喪失自己的志向，被貶退時深入自我反省；即使夾雜在一般人之中，最終也無怨恨之心，那是因為君子很自信。因此，去做艱難之事，一定得以實現自己的願望；沒有聽說只做想要做的，而能避免所厭惡的。因此，被寵愛的臣子會傷害國君，諂媚的臣下會傷害君上。國君一定要有直言進諫的臣子，君上必須有敢於爭辯的臣下，議論國事的人不停止，意見分歧的人辯論不休，才可以長久保存國家。

原文

臣下重其爵位而不言①，近臣則喑②，遠臣則吟③，怨結於民心。諂諛在側，善議障塞④，則國危矣。桀紂不以其無天下之士邪⑤？殺其身而喪天下。故曰：歸國寶⑥，不若獻賢而進士。

注釋

①重：重視，看重。

17

②喑：沉默。

③吟：感歎，歎息。

④善議：正確的建議。

⑤以：因為。

⑥歸：通「饋」，贈送。

譯文

臣下看重名爵官位而不說話，近旁的臣子就沉默無語，遠方的臣子就感慨歎息，人民的心中就會產生怨恨。諂諛的臣子在國君身側，正確的建議被堵塞，那麼國家就會危險了。夏桀和商紂王不是因為失去天下的賢士嗎？因而遭到殺身之禍而喪失了天下。所以說：贈送國寶，不如舉薦賢能，接納士人。

原文

今有五錐，此其銛①，銛者必先挫②。有五刀，此其錯③，錯者必先靡。是以甘井近竭，招木近伐④，靈龜近灼⑤，神蛇近暴⑥。是故比干之殪⑦，其抗也⑧；孟賁之殺⑨，其勇也；西施之沉，其美也；吳起之裂⑩，其事也。故彼人者，寡不死其所長。故曰：太盛難守也。

注釋

①銛（ㄒㄧㄢ）：鋒利。

②挫：受損，折斷。

③錯：磨礪。

④招木：高大的樹木。

⑤灼：燒。古人用火燒龜甲，依其裂紋占卜。

⑥暴：同「曝」，曝曬。

⑦比干：商代人，因敢於進諫遭受商紂王殺害。

⑧抗：剛強，正直。

⑨孟賁：戰國時衛國勇士，後被秦所殺。

⑩吳起：戰國時軍事家，因為進行變革，遭到楚國貴族的殺害。

譯文

　　現在有五把錐子，這一把鋒利，鋒利必定先折斷。有五把刀子，這一把是經過磨礪的，磨礪過的刀子必定先損壞。因此，甘甜的井水容易枯竭，高大的樹木容易受到砍伐，靈異的龜容易受到燒灼，神奇的蛇容易受到曝曬。因此比干之所以被殺害，是由於性格剛直；孟賁之所以被殺害，是由於勇猛過人；西施之所以被沉於水，是由於美貌絕倫；吳起之所以遭受裂刑，是由於進行變革。所以，世上之人很少不死於他的特長，因此說：過於強盛是很難保持的。

原文

　　故雖有賢君①，不愛無功之臣；雖有慈父，不愛無益之子。是故不勝其任而處其位，非此位之人也；不勝其爵而處其祿②，非此祿之主也。良弓難張，然可以及高入深③；良馬難乘，然可以任重致遠；良才難令④，然可以致君見尊。是故江河不惡小谷之滿己也⑤，故能大。聖人者，事無辭也，物無違也，故能為天下器⑥。是故江河之水，非一源之水也；千鎰之裘⑦，非一狐之白也。夫惡有同方不取，而取同己者乎？蓋非兼王之道也⑧！是故天地不昭昭⑨，大水不潦潦⑩，大火不燎燎⑪，王德不堯堯⑫。若乃千人之長也，其直如矢，其平如砥，不足以覆萬物⑬。是故溪陝者速涸⑭，逝淺者速竭⑮，墝埆者其地不育⑯。

王者淳澤，不出宮中，則不能流國矣⑰。

注釋

①賢君：賢明的君主。

②祿：俸祿。

③及高入深：射到高處和遠處。

④難令：難以驅使。

⑤惡：厭惡。

⑥器：人材。

⑦鎰（一ˋ）：古代重量單位。二十兩或二十四兩黃金為一鎰。

⑧兼王：以兼愛而統一天下。

⑨昭昭：明亮。

⑩潦潦：水勢盛大的樣子。

⑪燎燎：火勢盛大的樣子。

⑫堯堯：德行高尚的樣子。

⑬覆：覆蓋，包容。

⑭涸：乾涸。

⑮逝：河流。

⑯墝埆（ㄑ一ㄠ ㄑㄩㄝ ˋ）：土地貧瘠。

⑰流：流傳，傳播。

譯文

　　所以即便有賢明的君主，也不會愛沒有功業的臣子；即便有慈愛的父親，也不會愛沒有用處的兒子。因此，不勝任某事卻處在這樣的位置，不是這個位置的人選；不勝任爵位卻享受俸祿，不是這個祿位的主人。良好的弓難以張開，然而可以射

到高處或遠處；良馬難以駕馭，然而可以馱負重物到達遠方；優良的人才難以驅使，卻可以幫助君主並使他受到尊重。因此，江河不厭惡小河流滿自己，所以能稱得上廣大。聖人勇於承擔天下重任，順應事物的天理，所以能成為治理天下的才器。因此，江河之水並非只有一個源流；貴重的皮衣，並非擷取了一隻狐狸的腋下之皮。哪裡有不採納同道之人的意見，而只採納與自己心意相同的人的意見呢？這大概不是以兼愛之道而統一天下吧！因此天地不是長久明亮，大水不是長久盛大，大火不是長久燃燒，王德不會長久高潔。處於千人之上的長官，其為政若正直如箭矢，平直如磨刀石，便不足以包容萬物。因此狹窄的溪流很快乾涸，淺小的河流很快枯竭，貧瘠的土地難以長育五穀。王者有淳厚的恩澤，如不走出宮中，他的恩澤就不能傳遍整個國家。

◎修　身

題解

　　本篇闡述了君子立身處世要注意修養，言行合一，才能成為天下百姓的表率。堅決摒棄依靠投機取巧，弄虛作假而建立功名的行為。指出君子之道，即貧則見廉，富則見義，生則見愛，死則見哀，從內心深處生發善念善行，並貫穿到自己的實際行動中，直到頭髮花白，甚至於禿頂也不改變對於善行的永恆追求。

▶原文

　　君子戰雖有陳①，而勇為本焉②；喪雖有禮，而哀為本焉；士雖有學，而行為本焉③。是故置本不安者，無務豐末④；近者不親，無務求遠；親戚不附，無務外交；事無終始，無務多業；舉物而暗⑤，無務博聞。

注釋

　　①陳：同「陣」。
　　②本：本質，根本。
　　③行：品行，德行。
　　④無務：不去做。
　　⑤暗：暗昧，不明。

譯文

　　君子作戰雖然有隊形陣法，但勇敢是根本；舉辦喪事雖然有禮節儀式，但哀痛是根本；士人雖然有學問知識，但行為是根本。因此，根本不能樹立牢固，不必去追求枝葉豐茂；近鄰不親善，不要去追求遠處的朋友；連親戚都不依附，不要去從事外交；一件事也不能有終有始，就不必操持多種行業；一種事物也不明白，就不要追求博聞強記。

▶原文

　　是故先王之治天下也，必察邇來遠①，君子察邇而邇修者也。見不修行見毀而反之身者也②，此以怨省而行修矣③。譖慝之言④，無入之耳；批扞之聲⑤，無出之口；殺傷人之孩，無存之心。雖有詆訐之民，無所依矣⑥。

注釋

①察邇：明察左右。 來遠：招徠遠方。來，同「徠」。
②毀：讒謗。
③省：減少。
④譖慝（ㄗㄣ、 ㄊㄜ、）：誣諂詆毀。
⑤批扞（ㄏㄢ、）：批駁漫 。
⑥依：憑依。

譯文

　　因此，先王治理天下，必定明察左右，招徠遠方的人。君子明察左右也必定能達到修行的目的。君子被不具有修行的人所詆毀，卻能反躬自省，這樣別人的怨恨減少，自己的德行得到了修正。誣陷詆毀的話，不入自己的耳朵；批駁漫罵的聲音，不從自己嘴裡說出；殺伐傷害人家孩子的想法，不存在於心中。即使有詆毀攻訐的人，也會無所憑依。

原文

　　故君子力事日強①，願欲日逾②，設壯日盛③。君子之道也：貧則見廉④，富則見義，生則見愛，死則見哀；四行者不可虛假，反之身者也。藏於心者，無以竭愛；動於身者，無以竭恭⑤；出於口者，無以竭馴。暢之四支⑥，接之肌膚，華髮隳顛⑦，而猶弗舍者⑧，其唯聖人乎！

注釋

①力：努力，盡力。
②願欲：心願，願望。

③設壯：建樹。

④見：表現，顯示。

⑤竭：竭盡。

⑥四支：四肢。支，同「肢」。

⑦華髮：頭髮蒼白。 隳（ㄏㄨㄟ）顛：禿頂。損壞。

⑧弗舍：不捨棄。

譯文

　　所以君子努力做事，日漸強盛，願望日漸遠大，建樹日漸宏偉。君子的修身之道：貧窮之時顯示出廉潔，富裕之時顯示出道義，對於生者顯示仁愛，對於死者顯示哀痛，這四種德行不能摻有虛假，經常要反省自己。隱藏於心中的是不竭盡的仁愛；言談舉動是不竭盡的恭敬有禮；說出的話永遠那樣合理。這種德行貫穿於身體四肢，滲透了肌膚，直到頭髮花白禿頂，都不會捨棄，大概只有聖人可以做到吧！

原文

　　志不強者智不達①，言不信者行不果；據財不能以分人者②，不足與友；守道不篤③，遍物不博④，辯是非不察者⑤，不足與遊。本不固者末必幾⑥，雄而不修者，其後必惰⑦，原濁者流不清⑧，行不信者名必耗⑨。名不徒生而譽不自長。功成名遂，名譽不可虛假，反之身者也。務言而緩行⑩，雖辯必不聽。多力而伐功⑪，雖勞必不圖。慧者心辯而不繁說，多力而不伐功，此以名譽揚天下。言無務為多而務為智，無務為文而務為察⑫。故彼智無察，在身而惰，反其路者也。善無主於心者不留⑬，行莫辯於身者不立；名不可簡而成也⑭，譽不可巧而立也，君子以身戴行者也⑮。思利尋焉，忘名忽焉，可以為士於天下

者，未嘗有也。

注釋

①智不達：智力不通達。

②據財：佔有財富。

③篤：篤信，專一。

④遍物：閱歷事物。

⑤辯：辨別。辯，同「辨」。

⑥幾：危險。

⑦惰：怠惰。

⑧原：同「源」，源流。

⑨耗：失去。

⑩務言：專注言語。

⑪伐：誇耀。

⑫文：文采。

⑬善：善行。

⑭簡：簡單，輕易。

⑮戴：同「載」。

譯文

意志不堅強的人智力不會通達，不遵守信諾的人行動不會實現；佔有財富不能分給別人的，不足以交朋友；守道不堅定的人閱歷事物不廣泛，辨別是非不能明察，不足以與其交遊。根本不堅固枝梢必定危險，強盛時不修行，後來必會怠惰，源流混濁河流就不清澈，行為不守信用名聲必然失去。名聲不會平白無故產生，榮譽不會自己生長。功成名譽自然相隨而至，名譽絕不可有絲毫虛假，要進行自身反省。專注於言談而遲於

行動，即使雄辯別人必定不聽。出力多而誇耀自己功勞，即使辛勞別人也必定不取。有智慧的人用心思考而不誇誇其談，出力多而不誇耀功勞，因此名揚天下。言語不要講得太多而要求明智，不要講究文采而要追求明察。所以缺乏智慧又不能明察，自己又懶惰，這是反其道而行之。善行不是出自內心就不會保持，德行不從自己做起就不能樹立；名聲是不可能簡單就成功的，聲譽不可能靠取巧而建立，君子要知行合一。謀求利益，忽視聲名，可以做天下的士人，從來不曾有這樣的事。

◎所　染

題解

　　本篇著重強調了擇人識人的重要性。無論是國君還是有才能的士人，都會受到周圍人的影響，即「所染」。左右之人言行講究仁義規範，則所染正當；左右之人諂諛奉承，陰險奸詐，則所染不當。歷史上大凡賢能的國君，其周圍必定有一批賢臣良相；大凡暴君，其周圍必定有一批奸邪之徒。

原文

　　子墨子見染絲者而歎曰：「染於蒼則蒼①，染於黃則黃。所入者變②，其色亦變；五入必而已則為五色矣。故染不可不慎也！」非獨染絲然也，國亦有染。舜染於許由、伯陽③，禹染於皋陶、伯益④，湯染於伊尹、仲虺⑤，武王染於太公、周公⑥。

此四王者所染當⑦，故王天下，立為天子，功名蔽天地。舉天下之仁義顯人⑧，必稱此四王者。

注釋

①蒼：青色。

②所入者：染料。

③舜：傳說中的古代部落聯盟首領。 許由：唐堯時人，不接受堯讓天下，有名的隱士。 伯陽：傳説為舜七友之一。

④禹：傳說中繼舜之後的部落聯盟首領，夏朝的創始者。皋陶：舜時任刑法之官。 伯益：舜時任牧獵之官。

⑤湯：商代君主。 伊尹：商湯大臣，出身卑微。 仲虺（ㄓ ㄨㄥˋ ㄏㄨㄟˇ）：商湯大臣。

⑥武王：周文王之子。 太公：姜尚，輔佐周武王伐紂有功。周公：名旦，周武王之弟。

⑦當：確當，正當。

⑧顯人：聲名顯赫的人。

譯文

墨子看到染絲時就感歎說：「織品用青色染料染變成青色，用黃色染料染就變成黃色。隨著染料的變化，織品的顏色也變化，放入五種染料中去染則呈現五種顏色。所以對於染絲不可不慎重。」不只是染絲有這種情況，治理國家也如同染絲一樣。虞舜受到許由、伯陽的感染，夏禹受到皋陶、伯益的感染，商湯受到伊尹、仲虺的感染，周武王受到姜尚、周公旦的的感染。這四位君王所受的感染確當，所以能稱王於天下，立為天子，功績和聲譽充滿天地。只要列舉天下具備仁愛道義和聲名顯赫的人，必然說到這四位君王。

原文

夏桀染於干辛、推哆①，殷紂染於崇侯、惡來②，厲王染於
厲公長父、榮夷終③，幽王染於傅公夷、蔡公穀④。此四王者所
染不當，故國殘身死，為天下僇⑤。舉天下不義辱人，必稱此
四王者。

齊桓染於管仲、鮑叔⑥，晉文染於舅犯、高偃⑦，楚莊染於
孫叔、沈尹⑧，吳闔閭染於伍員⑨、文義，越勾踐染於范蠡、大
夫種⑩。此五君者所染當，故霸諸侯，功名傳於後世。

范吉射染於長柳朔、王勝⑪，中行寅染於籍秦、高強⑫，
吳夫差染於王孫雒、太宰嚭⑬，智伯搖染於智國、張武⑭，中
山尚染於魏義、偃長⑮，宋康染於唐鞅、佃不禮⑯。此六君者
所染不當，故國家殘亡，身為刑戮，宗廟破滅，絕無後類，君
臣離散，民人流亡。舉天下之貪暴苛擾者⑰，必稱此六君也。

注釋

①夏桀：夏朝時的暴君。　干辛、推哆：夏桀的寵臣。

②殷紂：商朝時的暴君。　崇侯、惡來：商紂王的寵臣。

③厲王：周厲王，周朝時的暴君。　厲公長父、榮夷終：
周厲王的寵臣。

④幽王：周幽王，周朝的暴君。　傅公夷、蔡公穀：周幽
王的寵臣。

⑤僇（ㄌㄨˋ）：同「戮」，殺害。

⑥齊桓：齊桓公，春秋五霸之一。　管仲：齊桓公的宰相。
鮑叔：齊國賢大夫。

⑦晉文：晉文公，春秋五霸之一。　舅犯、高偃：輔佐晉
文公的賢大夫。

⑧楚莊：楚莊王，春秋五霸之一。　孫叔：楚國大臣。　沈
尹：楚國大夫。

⑨吳闔閭：吳國國君。曾經大敗越國。 伍員、文義：春秋時吳國賢大夫。

⑩越勾踐：越國國君。臥薪嚐膽，最終消滅了吳國。 范蠡、大夫種：越王勾踐的謀臣。

⑪范吉射：春秋末晉卿范獻子鞅之子，被趙簡子所擊敗。長柳朔、王勝：范吉射的家臣。

⑫中行寅：春秋末晉卿中行穆子之子，被趙簡子所擊敗。籍秦、高強：中行寅的家臣。

⑬吳夫差：吳國國君，被越王勾踐所滅亡。 王孫雒、太宰嚭(ㄆㄧˇ)：吳國大臣。

⑭智伯搖：春秋末年為晉六卿勢力最強大者，後被韓、趙、魏三家所滅。 智國、張武：智伯搖的家臣。

⑮中山尚：春秋時中山國國君，被魏所滅。 魏義、偃長：中山國的臣子。

⑯宋康：戰國時宋國國君，為齊國所滅。 唐鞅、佃不禮：宋國臣子。

⑰苛擾：苛刻，騷擾。

譯文

　　夏桀受到寵臣干辛、推哆的感染，殷紂王受到寵臣崇侯、惡來的感染，周厲王受到厲公長父、榮夷終的感染，周幽王受到寵臣傅公夷、蔡公穀的感染。這四位君王受到奸邪的感染，所以國家殘破，遭受殺身之禍，被天下所詬辱。列舉天下不守道義行為可恥的人，必然說到這四位君王。

　　齊桓公受到賢相管仲、鮑叔的感染，晉文公受到舅犯、高偃的感染，楚莊王受到大臣孫叔、沈尹的感染，吳王闔閭受到伍員、文義的感染，越王勾踐受到賢臣范蠡、大夫種的感染。這五位國君受到感染正當，所以能夠稱霸諸侯，功業聲名傳留

後世。

　　范吉射受到家臣長柳朔、王勝的感染，中行寅受到家臣籍秦、高強的感染，吳王夫差受到寵臣王孫雒、太宰嚭的感染，智伯搖受到家臣智國、張武的感染，中山尚受到大臣魏義、偃長的感染，宋康王受到大臣唐鞅、佃不禮的感染。這六位國君所受的感染不正當，所以國家遭到殘破滅亡，自己遭受殺害，祖廟毀滅，後代斷絕，君臣離散，人民逃亡。列舉天下貪婪殘暴苛刻騷擾百姓的人，必然要說到這六位國君。

▶原文

　　凡君之所以安者何也？以其行理也[①]，行理性於染當。故善為君者，勞於論人而佚於治官[②]。不能為君者，傷形費神，愁心勞意；然國逾危，身逾辱。此六君者，非不重其國、愛其身也，以不知要故也[③]。不知要者，所染不當也。

注釋

　　①行理：做事合乎情理。
　　②論人：擇人。　佚：安逸。
　　③要：要領，根本。

譯文

　　大凡國君所以安逸的原因是什麼呢？是因為他做事合乎情理，合乎情理又由於受到的感染正確。所以，善於做國君的人，在選擇人才時費盡心思，而在辦理公務方面輕鬆安逸。不善於當國君的人，勞心費神，憂愁操勞，然而國家卻更加危急，自己更加受人詬辱。這六位國君，並非不看重他的國家，愛惜自己身體，而是因為他們不瞭解其中的要領。不瞭解治理國家的要領，是由於所受的感染不正當。

▶原文

　　非獨國有染也，士亦有染。其友皆好仁義，淳謹畏令①，則家日益，身日安，名日榮，處官得其理矣②，則段干木、禽子、傅說之徒是也③。其友皆好矜奮④，創作比周⑤，則家日損，身日危，名日辱，處官失其理矣，則子西、易牙、豎刀之徒是也⑥。《詩》曰「必擇所堪，必謹所堪」者，此之謂也。

注釋

　　①謹：謹慎。
　　②處官：做官。
　　③段干木：戰國時期著名學者。　禽子：墨子的弟子。　傅說：商代賢相。
　　④矜：矜持。
　　⑤創作比周：胡作非為，結黨營私。
　　⑥子西：春秋時人。　易牙、豎刀：齊桓公的寵臣。

譯文

　　不只是國君受到臣子的感染，士人也會受到別人的感染。他的朋友都喜好仁愛道義，淳厚謹慎，敬畏法令，那麼他的家就會興旺，身體日漸安逸，名聲日漸榮達，做官能恰當處理事情，如段干木、禽子、傅說就是這種人。他的朋友都喜歡矜持魯莽，胡作非為，結黨營私，那麼他的家就日漸損傷，身體處於危難，名聲日漸受到詬辱，做官不能恰當處理事情，如子西、易牙、豎刀就是這種人。《詩》說：「必定要選擇染料，必定謹慎對待染料。」說的就是這個道理。

◎法　儀

題解

　　本篇闡述了治理天下必須有法可依，以天為法。指出以父母、老師、國君為法都是靠不住的，與仁愛道義背道而馳。文中列舉了敬天事天愛人利人的古代賢君和詬天咒天厭惡人民的古代暴君，用他們不同的命運結局，雄辯地論證了天子和國君必須愛人利人，並以此做為治理國家的法度準則。

原文

　　子墨子曰：天下從事者，不可以無法儀①，無法儀而其事能成者，無有也。雖至士之為將相者，皆有法。雖至百工從事者②，亦皆有法。百工為方以矩，為圓以規，直以繩，正以縣③，平以水。無巧工、不巧工④，皆以此五者為法。巧者能中之⑤，不巧者雖不能中，放依以從事⑥，猶逾己。故百工從事，皆有法所度。

注釋

　　①法儀：法度準則。
　　②百工：各行各業。
　　③縣：通「懸」，測定垂直的工具。
　　④無：無論。
　　⑤中：合乎。

⑥放依：仿照。

譯文

墨子說：天下人做事，不可以沒有法度準則，沒有法度準則而能把事情做成的是沒有的。即使做了將相的有才能的人，也都有一定的法度。即使各行各業的工匠，也都有一定的法度。工匠用矩尺來測定方形，用圓規來測定圓形，用繩墨來測定直線，用懸錘來測定是否垂直，用平水器測定平面。無論巧匠還是一般的工匠，都以這五種用具做為法度。巧匠能做到合乎法度，一般的工匠即使不能合乎法度，只要仿照著工具去做，就勝過自己了。所以，各行各業做工的人，必須有法度可依。

原文

今大者治天下，其次治大國，而無法所度，此不若百工辯也①。然則奚以為治法而可？當皆法其父母②，奚若？天下之為父母者眾，而仁者寡。若皆法其父母，此法不仁也。法不仁，不可以為法。當皆法其學③，奚若？天下之為學者眾，而仁者寡。若皆法其學，此法不仁也。法不仁，不可以為法。當皆法其君，奚若？天下之為君者眾，而仁者寡。若皆法其君，此法不仁也。法不仁，不可以為法。故父母、學、君三者，莫可以為治法。

注釋

①辯：明辨。
②當：倘若，如果。
③學：學長，老師。

譯文

現在大到治理天下，其次治理大國，倘若沒有法度可依據，這還不如各行各業的工匠能夠明辨事理。然而用什麼做法度可以呢？倘若效法父母怎麼樣呢？天下做父母的人太多了，但是具有仁義的人少，如果都效法父母，這種法度是不仁義的。法度缺少仁義，不可以做為法度。倘若效法老師怎麼樣呢？天下當老師的人太多了，但是具備仁德的人少，如果都效法老師，這種法度是不仁義的。法度缺少仁義，不可以做為法度。倘若都效法國君怎麼樣呢？天下做國君的人多，但是具有仁義的人少，如果都效法國君，這種法度是不仁義的。法度缺乏仁義，不可以做為法度。所以父母、老師、國君，不能做為治國的法度。

原文

然則奚以為治法而可？故曰：莫若法天①。天之行廣而無私，其施厚而不德，其明久而不衰，故聖王法之。既以天為法，動作有為，必度於天②。天之所欲則為之，天所不欲則止。然而天何欲何惡者也？天必欲人之相愛相利，而不欲人之相惡相賊也③。奚以知天之欲人之相愛相利，而不欲人之相惡相賊也？以其兼而愛之、兼而利之也。奚以知天兼而愛之、兼而利之也？以其兼而有之、兼而食之也④。

注釋

①法天：以天為準則法度。
②度：揣度。
③賊：殘害。
④食：同「飼」，供養。

譯文

　　然而用什麼來做為治國的法度可以呢？所以說，不如效法上天。天的德行廣大而無私，它廣施厚澤而不以德自居，它帶給人類光明長久不衰竭，所以聖王效法天。既然把天做為法度，那麼行動作為，必須揣度天意。天所希望的就去做，天所不希望的就不去做。然而，天希望什麼厭惡什麼呢？天肯定希望人們相愛相利，而不希望人們相互厭惡相互殘害。怎麼知道天想讓人們相愛相利，而不希望人們相互厭惡相互殘害呢？因為天對於人類兼相愛、兼相利。怎麼知道天對於人類兼相愛、兼相利呢？因為天普遍擁有人類，普遍供養給人們食物。

原文

　　今天下無大小國，皆天之邑也①。人無幼長貴賤，皆天之臣也。此以莫不犓牛羊②，豢犬豬，潔為酒醴粢盛③，以敬事天。此不為兼而有之、兼而食之邪？天苟兼而有食之，夫奚說以不欲人之相愛相利也？故曰：愛人利人者，天必福之④；惡人賊人者，天必禍之。曰：殺不辜者，得不祥焉。夫奚說人為其相殺而天與禍乎？是以知天欲人相愛相利，而不欲人相惡相賊也。

注釋

　　①邑：屬國。
　　②此以：因此。　犓：餵養。
　　③盛：祭禮的器皿。
　　④福：福佑，降福。

譯文

　　現在天下無論大國小國，都是天的屬國。人無論年幼年長，富貴貧賤，都是天的臣民。因此，人們沒有不餵養牛、羊、犬、豬，準備潔淨的酒食器皿，用來恭敬地侍奉上天。這不是說明了人們為天兼有而天又供養了人嗎？天如果兼有人並供養了人，怎麼能說天不希望人們相愛相利呢？所以說，愛人利人的人，天必然福佑他，厭惡人害人的人，天必然降禍於他。殺害無辜的人，必然會帶來不祥。為什麼說人們互相殘殺天就要降禍呢？因為天希望人們相愛相利，而不希望人們相厭惡相殘害。

原文

　　昔之聖王禹湯文武，兼愛天下之百姓，率以尊天事鬼①。其利人多，故天福之，使立為天子，天下諸侯，皆賓事之②。暴王桀紂幽厲，兼惡天下之百姓，率以詬天侮鬼③。其賊人多，故天禍之，使遂失其國家④，身死為僇於天下，後世子孫、毀之，至今不息。故為不善以得禍者，桀紂幽厲是也。愛人利人以得福者，禹湯文武是也。愛人利人以得福者，有矣！惡人賊人以得禍者，亦有矣！

注釋

　　①率：率領。
　　②賓：恭敬。
　　③詬：咒　。
　　④遂：通「墜」，失去。

譯文

　　從前聖王夏禹、商湯、周文王、周武王,兼愛天下的百姓,率領他們尊崇上天,侍奉鬼神。他們帶給人們許多利益,所以天賜福給他們,將他們立為天子,天下的諸侯都恭敬地侍奉他們。暴王夏桀、商紂、周幽王、周厲王,厭惡天下百姓,率領他們咒　上天,侮辱鬼神,他們殘害了許多百姓,所以上天降禍於他們,使他們失去了國家,被天下人所殺死,後代的子孫們咒　他們,至今不絕。所以做壞事而得到災禍的,夏桀、商紂王、周幽王、周厲王是這類人。愛人利人而得到上天賜福的,夏禹、商湯、周文王、周武王是這類人。愛人利人而得到賜福的人是有的,厭惡人殘害人而得到災禍的人,也是有的。

◎七　患

題解

　　本篇指出了國家所面臨的七種禍患,即:不修建城池而整治宮室,外交失敗鄰國坐視不救,耗盡民力虛於待客,臣子畏懼不敢向君主上諫,君主昏庸不理國事,奸邪受寵忠臣遭忌,財物匱乏賞賜不明。說明必須重視糧食生產和財物的儲備,這是國家安定富強的根本,否則國家便會面臨滅亡的危險。

▶原文

子墨子曰：國有七患①。七患者何？城郭溝池不可守而治宮室，一患也；邊國至境②，四鄰莫救，二患也；先盡民力無用之功，賞賜無能之人，民力盡於無用，財寶虛於待客③，三患也；仕者持祿，遊者愛佼④，君修法討臣，臣懾而不敢拂⑤，四患也；君自以為聖智而不問事，自以為安強而無守備，四鄰謀之不知戒，五患也；所信者不忠，所忠者不信，六患也；畜種菽粟不足以食之，大臣不足以事之，賞賜不能喜，誅罰不能威⑥，七患也。以七患居國，必無社稷；以七患守城，敵至國傾。七患之所當⑦，國必有殃。

注釋

①患：禍患。
②邊國：敵國。邊，應為「敵」。
③虛：空虛。
④佼：交往。
⑤拂：違背。
⑥威：威嚇。
⑦當：存在。

譯文

墨子說，國家有七種禍患。這七種禍患是什麼呢？城郭和護城河不能守護，卻整治宮廷居室，這是第一種禍患；敵對的國家侵犯到境內，周圍的國家不救援，這是第二種禍患；先耗盡民力做無用的事情，賞賜那些沒有才能的人，民力在無用的事情上耗盡，財寶因招待賓客而空虛，這是第三種禍患；為官的人只愛俸祿，交遊的人愛交友，國君修正法度討伐臣子，臣

子害怕而不敢違背，這是第四種禍患；國君自以為聖明智慧而不過問國事，自以為國家安定強盛而不做守護儲備，鄰國有所圖謀而國君不知戒備，這是第五種禍患；國君所信任的人不忠心，對國君忠心的人不被信任，這是第六種禍患；國內儲備的五穀不足以供養百姓，大臣不能盡職，國君的賞賜不能使人喜歡，誅殺懲罰不能產生威嚇的作用，這是第七種禍患。這七種禍患存在於國家之內，必定失去社稷江山；用它們來護城牆，敵軍來到國家就會滅亡。七種禍患存在，國家必然會遭殃。

原文

　　凡五穀者，民之所仰也①，君之所以為養也。故民無仰，則君無養；民無食，則不可事。故食不可不務也，地不可不力也②，用不可不節也。五穀盡收，則五味盡御於主，不盡收則不盡御。一穀不收謂之饉③，二穀不收謂之旱，三穀不收謂之凶，四穀不收謂之餽④，五穀不收謂之饑。歲饉，則仕者大夫以下皆損祿五分之一⑤；旱，則損五分之二；凶，則損五分之三；餽，則損五分之四；饑，則盡無祿，稟食而已矣⑥。故凶饑存乎國，人君徹鼎食五分之三⑦，大夫徹縣，士不入學，君朝之衣不革制；諸侯之客，四鄰之使，雍飧而不盛⑧；徹驂騑，塗不芸⑨，馬不良粟，婢妾不衣帛，此告不足之至也。

注釋

　　①仰：仰仗，依賴。
　　②力：盡力。
　　③饉：歉收。
　　④餽：通「匱」，匱乏。
　　⑤損：減少。

⑥稟食：供養。

⑦徹：同「撤」，搬去。

⑧雍飧：早餐和晚餐。

⑨塗：道路。

譯文

　　大凡五穀是人民的生活依賴，國君的供養。所以人民沒有仰仗，則國君不能供養；人民沒有食物，就不可事奉國君。所以不可不務必掌握糧食生產，不可不盡力耕作土地，不可不節省用度。五穀豐收，那麼國君就能嘗盡五味，不豐收就不能嘗盡。一穀不收叫做饉，二穀不收叫做旱，三穀不收叫做凶，四穀不收叫做匱乏，五穀不收叫做饑荒。發生歲饉，作官的自大夫以下都減去五分之一俸祿；發生歲旱，就減少五分之二俸祿；發生歲凶，就減少五分之三俸祿；發生歲匱，就減少五分之四俸祿；發生歲饑，就失去俸祿，只能供給糧食而已。所以國家發生凶饑之災，國君就要撤去五分之三的食物，大夫撤去懸掛的樂器，讀書人不能入學讀書，國君的朝服即使破舊也不能重做；來自諸侯國的客人、鄰國的使節，早晚餐都不豐盛；駕車時減除了驂騑馬，道路不能修整，馬吃不到糧食，婢女侍妾沒有絲織衣服可穿，這表明財物不足已到了極點。

原文

　　今有負其子而汲者①，隊其子於井中②，其母必從而道之③。今歲凶，民饑，道餓，此疚重於隊其子，其可無察邪！故時年歲善，則民仁且良；時年歲凶，則民吝且惡。夫民何常此之有！為者疾④，食者眾，則歲無豐。故曰：財不足則反之時，食不足則反之用。故先民以時生財，固本而用財⑤則財足。故雖上

世之聖王，豈能使五穀常收而旱水不至哉！然而無凍餓之民者，何也？其力時急而自養儉也。故《夏書》曰：「禹七年水。」《殷書》曰：「湯五年旱。」此其離凶饑甚矣⑥，然而民不凍餓者，何也？其生財密，其用之節也。

注釋

①汲：從井裡打水。
②隊：同「墜」，墜落。
③道：同「導」，導引，拉。
④疾：當為「寡」。
⑤固本：穩固根本。
⑥離：通「罹」，遭遇。

譯文

　　現在有人背著兒子從井內打水，孩子掉到井裡，他的母親必然設法把孩子拉上來。現在逢上歉收年分，人民饑餓，道路上有餓民，這比孩子掉到井裡更加嚴重，怎麼能夠不明察呢？所以當年收成好，人民就仁愛善良；當年收成不好，人民就吝嗇兇惡。人民怎麼會經常這樣呢？務農的人少，吃飯的人多，年歲就不會豐收。所以說，財物不充足，就要反省是否依照農時，糧食不充足就要反省如何食用。所以，從前的人民依照農時生產財物，穩固根本而使用財物，那麼財物就充足。所以，即使遠古的聖賢的君主，豈能使五穀經常豐收而不發生水旱災害？然而那時沒有受凍挨餓的百姓，為什麼呢？這是因為努力按農時生產而且每個人都很節儉。所以《夏書》說：「夏禹時七年發生水災。」《殷書》說：「商湯時五年發生旱災。」他們遭遇的饑荒情況更加嚴重，然而百姓不致受凍挨餓，原因是

什麼呢？那是由於他們生產的財物豐足，而使用時又很節儉。

▶原文

　　故倉無備粟，不可以待凶饑[1]；庫無備兵，雖有義不能征無義；城郭不備全，不可以自守；心無備慮，不可以應卒[2]。是若慶忌無去之心，不能輕出。夫桀無待湯之備，故放[3]；紂無待武之備，故殺。桀紂貴為天子，富有天下，然而皆滅亡於百里之君者[4]，何也？有富貴而不為備也。故備者，國之重也。食者，國之寶也；兵者，國之爪也[5]；城者，所以自守也。此三者，國之具也。

注釋

①待：對待，應付。
②應卒：對付突然事件。卒，通「猝」。
③放：放逐，流放。
④百里之君：小諸侯國的國君。
⑤爪：爪牙

譯文

　　所以倉庫裡沒有儲備穀物，不可以應付饑荒之年；兵庫不準備兵器，即使站在正義的一方也無法征討無義之人；城郭防守不完全，不能守護自己；心裡不考慮防備，不可應付突發事件。這如同慶忌沒有離開衛國之心不能輕易出動一樣。夏桀沒有應付商湯的儲備，所以被放逐；商紂王沒有應付周武王的儲備，所以自己被殺害。夏桀和商紂王貴為天子，富有天下，然而都被諸侯小國所滅亡，為什麼呢？是因為擁有富貴都不進行守備。所以，守備是國家的大事。食物是國家的寶貝，兵器是國家的爪牙，城郭是守護自身的保障。這三者是國家應當具備

的。

原文

故曰：以其極賞^①，以賜無功；虛其府庫，以備車馬、衣裘、奇怪^②；苦其役徒，以治宮室觀樂；死又厚為棺槨，多為衣裘。生時治台榭^③，死又修墳墓。故民苦於外，府庫單於內^④，上不厭其樂，下不堪其苦。故國離寇敵則傷^⑤，民見凶饑則亡^⑥，此皆備不具之罪也。且夫食者，聖人之所寶也。故《周書》曰：「國無三年之食者，國非其國也；家無三年之食者，子非其子也。」此之謂國備^⑦。

注釋

①極賞：最高獎賞。
②奇怪：奇異寶物。
③治：整治，修造。
④單：通「殫」，用盡。
⑤離：同「罹」，遭遇。
⑥見：遭受。
⑦國備：國家儲備。

譯文

所以說，以最高的獎賞賜給無功之人；使國庫空虛以準備車馬、衣服、奇異物品；役使人勞苦用以整修宮室和觀賞娛樂；人死之後又厚做棺材，多做衣服；活著時修造歌台舞榭，死了後又修造墳墓——所以，人民在外勞苦，國家倉庫卻被內部耗盡，君上不厭倦尋歡作樂，百姓不堪忍受痛苦。所以國家遭到敵寇侵犯就會失敗，人民遭受饑荒之年就會死亡，這都是不

儲備的罪過啊。況且食物是聖人所看重的,所以《周書》說:「國家不儲備三年的糧食,那麼國家就不是他的國家了;家庭不儲備三年的糧食,兒子也就不是他的兒子了。」這叫做國家的儲備。

◎三 辯

題解

　　本篇透過程繁和墨子的辯論,闡述了聖王對待音樂的態度,即:只是適當欣賞而已,如果過於繁瑣就不適宜了。墨子認為,國君就應把心思用在治理天下上,而不是追求耳目之欲。這說明在當時,音樂不僅存在於宮中和民間,而且已是非常普及。

 原文

　　程繁問於子墨子曰①:「夫子曰聖王不為樂。昔諸侯倦於聽治②,息於鐘鼓之樂③;士大夫倦於聽治,息於竽瑟之樂;農夫春耕、夏耘、秋斂、冬藏,息於瓴缶之樂④。今夫子曰聖王不為樂,此譬之猶馬駕而不稅⑤,弓張而不弛,無乃非有血氣者之所能至邪⑥!」

　　子墨子曰:「昔者堯舜有茅茨者⑦,且以為禮,且以為樂。湯放桀於大水,環天下自立以為王,事成功立,無大後患,因先王之樂,又自作樂,命曰《護》,又修《九招》。武王勝殷殺紂,環天下自立以為王,事成功立,無大後患,因先王之樂,

又自作樂,命曰《象》。周成王因先王之樂,又自作樂,命曰《騶虞》。周成王之治天下也,不若武王;武王之治天下也,不若成湯;成湯之治天下也,不若堯舜。故其樂逾繁者,其治逾寡。自此觀之,樂非所以治天下也。」

注釋

①程繁:當時的一位士人。
②倦:疲倦。 治:政治,政務。
③息:歇息。
④瓴缶(ㄌㄧㄥˊ ㄈㄡˇ):瓦製樂器。
⑤稅:同「脫」,解脫。
⑥無乃:恐怕。
⑦茅茨:茅草屋。

譯文

程繁問墨子說:「你說聖王不欣賞音樂。從前諸侯從事政務疲倦時,在鐘鼓的 音樂中休息;士大夫處理政事時疲倦,在竽和瑟的音樂中休息;農民春天耕種,夏天鋤地,秋天收穫,冬天收藏,疲倦時在瓦盆的音樂中休息。現在你說聖王不欣賞音樂,這好比馬駕車而不解脫韁繩歇息,張開了弓而不鬆弛,恐怕不是有血氣的人所能做到的。」

墨子說:「從前堯舜住著茅草屋,況且講究禮儀,並製作樂曲。商湯把夏桀放到大水,佔有整個天下自立為君王,事業成就,功名建立,沒有大的後患,繼承先王的音樂,又親自製作樂曲,叫做《護》,又修訂《九招》。周武王戰勝殷商,殺死紂王,佔有整個天下自己立為君王,事業成就,功名建立,沒有大的後患,繼承先王的音樂,又親自製作樂曲,叫做

墨子全書

《象》。周成王繼承先王的音樂，又親自作樂曲，叫做《騶虞》。周成王治理天下，不如周武王；周武王治理天下，不如商湯；商湯治理天下，不如堯舜。所以音樂愈繁盛，治理天下愈差。從這一點來看，音樂不是用來治理天下的。」

▌原文

程繁曰：「子曰聖王無樂。此亦樂已，若之何其謂聖王無樂也？」

子墨子曰：「聖王之命也，多寡之。食之利也，以知饑而食之者智也，因為無智矣。今聖王有樂而少，此亦無也。」

譯文

程繁說：「您說聖王沒有音樂，可是以上這些也是音樂呀，怎麼可以說聖王沒有音樂呢？」

墨子答道：「我所說的『聖王沒有音樂』，是就有樂和無樂兩種情形的多寡而言的。比如飲食，有益於人，餓了就吃飯的人是聰明的，（若人人都知道餓了就吃，也就無所謂聰明了）雖有智慧，也是沒有智慧了。如今聖王有音樂的情形很少，也就相當於沒有音樂了。」

◎尚賢上

題解

　　本篇主要闡述了治理國家尊崇賢能，選舉賢能，任用賢能的重要性。古代聖王治理國家，採取「不義不富，不義不貴，不義不近」的原則，舉賢不避親，舉賢不避遠，舉賢不避疏，把德行和才能作為任用官員的標準，授予他們職務和處理政務的權力，能者上，無能者下，這種原則對於今天仍有很強的現實意義。

原文

　　子墨子言曰：今者王公大人為政於國家者①，皆欲國家之富，人民之眾，刑政之治②。然而不得富而得貧，不得眾而得寡，不得治而得亂，則是本失其所欲③，得其所惡。是其故何也？子墨子言曰：是以王公大人為政於國家者，不能以尚賢事能為政也④。是故國有賢良之士眾，則國家之治厚⑤；賢良之士寡，則國家之治薄⑥。故大人之務，將在於眾賢而已⑦。

注釋

　　①今者：今天，現在。
　　②治：治理。
　　③本：根本，完全。
　　④尚：尊崇，注重。
　　⑤厚：強盛。
　　⑥薄：弱小。
　　⑦將：應當。

墨子全書

譯文

墨子說：現在王公大人治理國家，都希望國家富強，百姓眾多，刑事政務整肅治理。然而，國家不富裕卻貧窮，人口不增多卻減少，不能得到治理卻出現混亂，這就從根本上失去了他們所希望的，得到了所厭惡的。這是什麼原因呢？墨子說：這是因為王公大人治理國家，不能尊重賢才，任用能人。所以，國家有許多優秀的士人，那麼國家的治理就強盛；優秀的士人少，那麼國家的治理就薄弱。所以王公大人的任務，就是要增加賢能之人而已。

原文

曰：然則眾賢之術將奈何哉①？子墨子言曰：譬若欲眾其國之善射御之士者②，必將富之、貴之、敬之、譽之，然後國之善射御之士，將可得而眾也。況又有賢良之士，厚乎德行③，辯乎言談，博乎道術者乎！此固國家之珍而社稷之佐也④，亦必且富之、貴之、敬之、譽之，然後國之良士，亦將可得而眾也。

注釋

①眾賢：使賢才增多。
②射御：射箭駕車。
③厚：高尚。
④固：本來。

譯文

有人說：然而增加賢才的辦法是什麼呢？墨子說：比如想

48

增加國內善於射箭駕車的人，必須先使他們富貴、敬重他們、讚揚他們，然後國內的善於射箭駕車的人，將可以增加很多。況且又有賢良的士人，德行高尚，善於言談，廣知道術！這本來是國家的珍寶，社稷的輔佐，也必須使他們富裕、尊貴、被敬重、被讚譽，然後，國家的優良士人，也將變得眾多。

▶原文

　　是故古者聖王之為政也，言曰：「不義不富，不義不貴，不義不親，不義不近。」是以國之富貴人聞之，皆退而謀曰①：「始我所恃者②，富貴也。今上舉義不辟貧賤③，然則我不可不為義。」親者聞之，亦退而謀曰：「始我所恃者，親也。今上舉義不辟疏④，然則我不可不為義。」近者聞之，亦退而謀曰：「始我所恃者，近也。今上舉義不避遠，然則我不可不為義。」遠者聞之，亦退而謀曰：「我始以遠為無恃，今上舉義不避遠，然則我不可不為義。」逮至遠鄙郊外之臣⑤、門庭庶子、國中之眾、四鄙之萌人聞之⑥，皆競為義。是其故何也？曰：上之所以使下者，一物也；下之所以事上者，一術也⑦。譬之富者，有高牆深宮，牆立既⑧，謹上為鑿一門。有盜入，闔其自入而求之⑨，盜其無自出。是其故何也？則上得要也。

注釋

　　①謀：商量。
　　②恃：仗恃，憑藉。
　　③辟：通「避」，避開。
　　④疏：疏遠，陌生。
　　⑤逮至：直到，等到。　遠鄙：偏遠之地。
　　⑥萌人：百姓。

⑦術：方法。

⑧牆立既：牆已經建完。

⑨闔：關閉。

譯文

所以，古代聖王管理國家政務，說道：「不義的人不能富裕，不義的人不能尊貴，不義的人不能親近，不義的人不能交往。」因此，國內的富貴之人聽到後，都退下來商量說：「當初我們依賴的是富貴，今天君主治理國家不避開貧賤之人，因此我不可不行仁義。」親近的人聽到後，也退下來商量說：「當初我們依賴的是關係親密，現在君主治理國家不避開疏遠的人，因此我不可不行仁義。」遠處的人聽到後，也退下來商量說：「當初我因為遙遠而無所依仗，現在君主治理國家不避開遠處，因此我不可不行仁義。」直到荒遠偏僻的臣子、子姪、國中百姓、四周的百姓聽到後，都競相實行仁義之事。這是什麼原因呢？答道：君上所以使用臣子是一種方法，臣下所以侍奉君上也是一種方法。比如富人，建有高牆深院，牆建完後，僅在牆上開一道門。有強盜進入，關閉了大門而尋找，強盜就沒有出路。這是什麼原因呢？是由於抓住了要害。

原文

故古者聖王之為政，列德而尚賢①。雖在農與工肆之人②，有能則舉之，高予之爵，重予之祿，任之以事，斷予之令。曰：爵位不高，則民弗敬；蓄祿不厚③，則民不信；政令不斷，則民不畏。舉三者授之賢者，非為賢賜也，欲其事之成。故當是時，以德就列，以官服事，以勞殿賞④，量功而分祿。故官無常貴而民無終賤。有能則舉之，無能則下之。舉公義，辟私怨

⑤，此若言之謂也。

注釋

①列德：為德者安排職位。
②工肆：各行各業。
③蓄祿：享有俸祿。
④殿賞：決定賞賜。
⑤辟：避開，消解。

譯文

　　所以古代的聖王處理政務，給有仁德者職位，尊崇賢才。即使從事農業和各行各業之人，只要有才能就任用，給予較高的爵位，給予較厚的俸祿，任用他們處理事務，給於決斷的旨令。說道：爵位不高，那麼百姓不尊敬；俸祿不厚，那麼百姓不信任，政令不能自行決斷，那麼百姓不敬畏。將這三者授予賢者，不單是為了賞賜他們，希望他們事業成功。所以在那時，以德行安排職位，以官職安排事務，以辛勞確定賞賜的多少，根據功勞大小分配俸祿。所以，官員沒有永久富貴，百姓不會終身貧賤。有才能則被推舉，無才能則離開職位。推舉有公心、行仁義的人，避開個人恩怨，就是說的這些事。

原文

　　故古者堯舉舜於服澤之陽①，授之政，天下平。禹舉益於陰方之中，授之政，九州成。湯舉伊尹於庖廚之中②，授之政，其謀得③。文王舉閎夭、泰顛於罝罔之中④，授之政，西土服。故當是時，雖在於厚祿尊位之臣，莫不敬懼而施⑤；雖在農與工肆之人，莫不競勸而尚德⑥。故士者，所以為輔相承嗣也⑦。故得士則謀不困⑧，體不勞，名立而功成，美章而惡不生⑨，則

由得士也。是故子墨子言曰：得意，賢士不可不舉；不得意，賢士不可不舉。尚欲祖述堯舜禹湯之道⑩，將不可以不尚賢。夫尚賢者，政之本也。

注釋

①陽：山的南邊或水的北邊。

②庖廚：廚房。

③謀得：謀略成功。

④置罔：狩獵工具。

⑤施：施行。

⑥勸：相互勸勉。

⑦承嗣：繼承人。

⑧困：窮困，受困。

⑨章：同「彰」，彰顯。

⑩尚：倘若。

譯文

所以古代堯王在服澤的北邊舉薦了舜，將國家政務授予他，天下太平。夏禹在陰方舉薦了伯益，將國家政務授予他，九州統一。商湯在廚房之中舉薦了伊尹，將國家政務授給他，謀略成功。周文王在捕獵者中間選用了閎夭、泰顛，將國家政務授予他們，西方小國歸服了。所以在當時，雖然身處於具有厚祿尊位的臣子，沒有不敬畏地施行仁義的；即使農民和其他行業的人，也沒有不競相規勸而崇尚德行的。所以，士人都是用以擔任輔佐大臣和繼承人的。所以得到士人則謀略不會受困，身體不勞損，聲名遠揚而功業建立，美好的品行彰顯而不產生邪惡，這是由於得到士人的緣故。所以墨子說：得志，賢

士不可不選用；不得志，賢士不可不選用。倘若希望繼承堯舜禹湯的事業，將不可不尊崇賢能的人。尊崇賢者，是政治的根本。

◎尚賢中

題解

本篇列舉了古代君主尚賢使能的許多典型事例，以雄辯的事實說明，君主如果想稱王天下，做諸侯之長，建立功業，名重後世，必須尚賢使能，不分貧富、貴賤、遠近、親疏，惟賢是舉，任用賢人能人為政。對待賢能之人必須高予之爵，俸祿隨之，給予他們足夠的權力和信任，使他們發揮治國為政之才。

▶原文

子墨子言曰：今王公大人之君人民①、主社稷②、治國家，欲修保而勿失③，故不察尚賢為政之本也④？何以知尚賢之為政本也？曰：自貴且智者為政乎愚且賤者則治⑤，自愚且賤者為政乎貴且智者則亂。是以知尚賢之為政本也。

注釋

①君：統治。
②主：主宰。

③修保：長期保持。
④故：當作「胡」，為什麼。
⑤自：由。

譯文

　　墨子說：現在王公大人統治人民，主持社稷，治理國家，想要長久保持而不失去，為什麼不明察尊崇賢才是為政的根本呢？怎麼知道尊崇賢才是為政的根本呢？回答道：由尊貴並且有智謀的人管理愚昧並且卑賤的人則國家可以治理，由愚昧並且卑賤的人管理尊貴並且有智謀的人則國家會出現混亂。因此知道尊崇賢才是為政的根本。

原文

　　故古者聖王甚尊尚賢而任使能①，不黨父兄②，不偏貴富，不嬖顏色③。賢者舉而上之，富而貴之，以為官長；不肖者抑而廢之④，貧而賤之，以為徒役。是以民皆勸其賞⑤，畏其罰，相率而為賢者，以賢者眾而不肖者寡，此謂進賢。然後聖人聽其言，跡其行⑥，察其所能而慎予官，此謂事能。故可使治國者使治國，可使長官者使長官⑦，可使治邑者使治邑。凡所使治國家、官府、邑里，此皆國之賢者也。

注釋

①任使：任命使用。
②黨：偏袒。
③嬖：寵愛。
④廢：廢除，罷免。
⑤勸：勉勵，相勉。

⑥跡：觀察。

⑦長：管理，主持。

譯文

　　所以古代的聖王特別尊崇賢才並任命使用能人，不徧袒父兄，不偏愛富貴，不寵愛美色。賢才被推舉居於上位，使他富貴，擔任官長；不賢的人被壓制而被罷免，使他們貧賤，成為服役之徒。因此人民都努力爭取獎賞，害怕刑罰，相互引導成為賢才，所以賢才越來越多，不賢的人越來越少，這叫做選舉賢才。然後聖人聽他們的言談，觀察他們的行為，考察他們的才能而謹慎地給予官職，這叫做任用能人。所以使可以治理國家的治理國家，可以作官長的人作官長，可以治理鄉邑的治理鄉邑。凡是所使用治理國家、官府、鄉邑的人，都是國家的賢才。

原文

　　賢者之治國也，蚤朝晏退①，聽獄治政②，是以國家治而刑法正。賢者之長官也，夜寢夙興③，收斂關市、山林、澤梁之利④，以實官府⑤，是以官府實而財不散。賢者之治邑也，蚤出莫入⑥，耕稼樹藝、聚菽粟，是以菽粟多而民足乎食。故國家治則刑法正，官府實則萬民富。上有以潔為酒醴粢盛以祭祀天、鬼，外有以為皮幣⑦，與四鄰諸侯交接，內有以食饑息勞，將養其萬民，懷天下之賢人。是故上者天鬼富之，外者諸侯與之⑧，內者萬民親之，賢人歸之。以此謀事則得，舉事則成，入守則固，出誅則強。故唯昔三代聖王堯舜禹湯文武之所以王天下、正諸侯者，此亦其法已。

注釋

①蚤：通「早」。 晏：晚。
②聽獄：審理案件。
③夜寢：夜晚睡覺。
④收斂：徵收。
⑤實：充實。
⑥莫：通「暮」。
⑦皮幣：毛皮和布帛。
⑧與：親近，友好。

譯文

　　賢才治理國家，早起上朝，很晚才退，審理案件，處理政務，因此國家得到治理，刑法公正。賢才擔任官長，很晚入睡，很早起床，徵收關口市場、山林、河澤橋樑的賦稅，用來充實官府，因此官府充實財物不流散。賢才治理鄉邑，早出晚歸，耕作種植，積聚五穀，因此五穀豐富，人民足以食用。所以國家得到治理則刑法公正，官府充實則百姓富裕。對上可以用潔淨的酒食器皿來祭祀上天、鬼神，對外可以用毛皮和絹帛與鄰國諸侯交往，對內可以使饑者有食，勞者休息，使百姓得到供養，引進天下所有的賢才。所以，在上有上天鬼神帶來富裕，在外有諸侯相親善，在內有百姓親近，賢才歸附。因此，謀事有得，辦事則成，守衛則固，出征則強。所以這是從前三代的聖王堯、舜、禹、湯、文武所以稱王天下，擔任諸侯之長的原因，這也是他們的法則。

原文

　　既曰若法①，未知所以行之術，則事猶若未成。是以必為

置三本②。何謂三本？曰：爵位不高，則民不敬也；蓄祿不厚，則民不信也；政令不斷，則民不畏也。故古聖王高予之爵，重予之祿，任之以事，斷予之令。夫豈為其臣賜哉？欲其事之成也。《詩》曰：「告女憂恤③，誨女予爵。孰能執熱，鮮不用濯？」則此語古者國君諸侯之不可以不執善承嗣輔佐也。譬之猶執熱之有濯也，將休其手焉④。古者聖王唯毋得賢人而使之，般爵以貴之⑤，裂地以封之，終身不厭。賢人唯毋得明君而事之，竭四肢之力，以任君之事，終身不倦。若有美善則歸之上。是以美善在上，而所怨謗在下；寧樂在君⑥，憂戚在臣。故古者聖王之為政若此。

注釋

①若法：這種法則。
②三本：三種根本原則。
③女：通「汝」，你。
④休：休養，保護。
⑤般：頒佈，賞給。
⑥寧樂：安寧高興。

譯文

既然有這種法則，不知道執行他的辦法，那麼事情還不能成功，因此必須制訂三種根本原則。什麼叫三種根本原則？即：爵位不高，則百姓不敬畏；俸祿不豐厚，則百姓不信任；政事不決斷，則百姓不害怕。所以古代的聖王給予聖賢較高的爵位，豐厚的俸祿，政事的任用，決斷的法令。這豈是為了賞賜臣下？而是希望他們能夠成功。《詩》說：「告訴你們如何撫恤百姓，教誨你們如何安排爵位。誰能夠手拿熱東西，而很少不用水沖

洗？」這是說古代的國君諸侯不能不善待繼承者和輔佐者。比如拿熱東西後用水沖洗，將使手得到保護。古代聖王惟有得到賢才而使用他們，頒給爵位使他們尊貴，分割土地用以封賞他們，便終身不厭倦。賢才唯有得到明君並且侍奉他們，竭盡渾身之力，處理國君的政事，便終身不疲倦。如果有美好的榮譽就歸於君上。因此，美好的聲譽集中於君上，而怨恨誹謗由臣下承擔；安寧高興君主享用，憂戚煩惱臣下擔當。古代的聖王是這樣為政的。

 原文

今王公大人亦欲效人，以尚賢使能為政，高予之爵而祿不從也。夫高爵而無祿，民不信也。曰：「此非中實愛我也①，假借而用我也。」夫假借之民將豈能親其上哉？故先王言曰：「貪於政者，不能分人以事；厚於貨者，不能分人以祿。」事則不與，祿則不分，請問天下之賢人將何自至乎王公大人之側哉？若苟賢者不至乎王公大人之側，則此不肖者在左右也。不肖者在左右，則其所譽不當賢②，而所罰不當暴。王公大人尊此③，以為政乎國家，則賞亦必不當賢，而罰亦必不當暴。苟賞不當賢而罰不當暴④，則是為賢者不勸，而為暴者不沮矣⑤。是以入則不慈孝父母，出則不長弟鄉里。居處無節，出入無度，男女無別。使治官府則盜竊，守城則倍畔⑥，君有難則不死，出亡則不從。使斷獄則不中⑦，分財則不均。與謀事不得，舉事不成，入守不固，出誅不強。故雖昔者三代暴王桀紂幽厲之所以失措其國家⑧，傾覆其社稷者，已此故也⑨。何則？皆以明小物而不明大物也。

注釋

①中實：真心誠意。
②不當：不符合。
③尊：遵照。
④苟：如果。
⑤沮：阻止，扼制。
⑥倍畔：背叛。
⑦不中：不公正。
⑧失措：失去。
⑨已：以。

譯文

現在王公大人也想效法前人，以尊重賢才使用能人治理天下，給予較高的爵位，但是俸祿不能隨著頒發。爵位高而沒有俸祿，百姓不信任，說：「這不是誠心愛我，只是借此使用我。」借用這種行為，百姓怎能親近君上？所以先王說：「對於政治貪婪的人，不能夠把政事分予別人；看重財物的人，不能把俸祿分給別人。」政事不給予，俸祿不分給，請問天下的賢才將如何會侍奉於王公大人身邊呢？如果賢才不供奉於王公大人身邊，那麼奸佞之徒就會在其左右。奸佞之徒在王公大人左右，那麼他所讚賞的不是賢人，所懲罰的不是暴徒。王公大人遵照這種方法治理國家，那麼所獎賞的不是賢人，所懲罰的也不是暴徒。如果所獎賞的不是賢才，所懲罰的不是暴徒，那麼賢才不能得到勸勉，暴徒不能受到阻止。因此在家不孝敬父母，在外不和鄉鄰和諧相處。居處沒有節制，出入沒有限度，男女之禮不分。使他們管理官府則偷盜，守護城郭則叛亂，國君有難不能拼死，國君逃亡不會跟隨。使他們審理案件則不公正，分發財物不平均。與他們謀劃事務不得當，興舉大事不成功，守

城不堅固，征討不強大。所以從前三代的暴王夏桀商紂周幽王周厲王之所以失去國家，毀滅了社稷，原因就在這裡。為什麼呢？都是明曉小事情不明曉大事情。

原文

　　今王公大人有一衣裳不能制也，必藉良工[1]；有一牛羊不能殺也，必藉良宰[2]。故當若之二物者，王公大人未知以尚賢使能為政也。逮至其國家之亂[3]，社稷之危，則不知使能以治之。親戚則使之，無故富貴、面目佼好則使之[4]。夫無故富貴、面目佼好則使之，豈必智且有慧哉？若使之治國家，則此使不智慧者治國家也。國家之亂，既可得而知已[5]。

注釋

　　①必藉：必須憑藉。
　　②良宰：好屠夫。
　　③逮至：等到。
　　④佼好：相貌漂亮。
　　⑤既：已。

譯文

　　現在王公大人有一件衣服不能製作，必須憑藉好裁縫；有一隻牛羊不能宰殺，必須憑藉好屠夫。所以對待這兩件事，王公大人不是不知道以尊崇賢才使用能人來處理。等到國家發生動亂，社稷出現危險，卻不知道任用能人治理。只要是親戚就任用，無故而富貴、相貌漂亮的人就任用。無故富貴、相貌漂亮的人就任用，這些人豈是有智慧的人？如果使他們治理國家，便是讓沒有智慧的人治理國家。國家混亂，已經可以預測

了。

▶原文

　　且夫王公大人有所愛其色而使之，其心不察其知，而與其愛。是故不能治百人者，使處乎千人之官；不能治千人者，使處乎萬人之官，此其故何也？曰：處若官者，爵高而祿厚，故愛其色而使之焉！夫不能治千人者，使處乎萬人之官，則此官什倍也①。夫治之法將日至者也，日以治之，日不什修②，知以治之，知不什益③，而予官什倍，則此治一而棄其九矣。雖日夜相接，以治若官，官猶若不治。此其故何也？則王公大人不明乎以尚賢使能為政也。故以尚賢使能為政而治者，若夫言之謂也；以下賢不使能為政而亂者，若吾言之謂也。今王公大人中實將欲治其國家④，欲修保而勿失，胡不察尚賢為政之本也？

注釋

　　①什倍：十倍。
　　②什修：延長十倍。
　　③什益：增加十倍。
　　④中實：誠心。

譯文

　　王公大人愛寵臣的美色而任用他，心裡不考察他的知識，而給他以愛。所以，不能治理百人的人，讓他處於治理千人的官職；不能治理千人的人，讓他處於治理萬人的官職，這是什麼原因呢？說：處在那個官職，爵位高俸祿多，所以愛他的美貌而任用他。不能治理千人的人，卻使他處於治理萬人的官職，那麼這個官職就超過十倍了。治理方法每天都要實施，以每天

來治理，每天不會延長十倍；以知識來治理，知識不會增加十倍，卻給予十倍的官職，那麼這種治理就會辦成一件而丟棄九件。雖然日以繼夜以治理官府，官府如同不治理。這是什麼原因呢？是由於王公大人不明白把尊崇賢才使用能人做為政治。所以尊崇賢才使用能人而治理國家，就如同所說的這些；不尊崇賢才治理國家而出現動亂，就如同我所說的這些。現在王公大人誠心希望治理國家，希望國家永久保持而不失去，為什麼不考察尊重賢才是為政的根本呢？

▍原文

　　且以尚賢為政之本者，亦豈獨子墨子之言哉？此聖王之道，先王之書，距年之言也[1]。傳曰：「求聖君哲人，以裨輔而身[2]。」《湯誓》曰：「聿求元聖[3]，與之戮力同心，以治天下。」則此言聖王之不失以尚賢使能為政也。故古者聖王唯能審以尚賢使能為政，無異物雜焉[4]，天下皆得其利。古者舜耕歷山，陶河瀕[5]，漁雷澤。堯得之服澤之陽，舉以為天子，與接天下之政[6]，治天下之民。伊摯，有莘氏女之私臣，親為庖人。湯得之，舉以為己相，與接天下之政，治天下之民。傅說被褐帶索[7]，庸築乎傅岩[8]。武丁得之，舉以為三公[9]，與接天下之政，治天下之民。此何故始賤卒而貴，始貧卒而富？則王公大人明乎以尚賢使能為政，是以民無饑而不得食，寒而不得衣，勞而不得息，亂而不得治者。故古聖王以審以尚賢使能為政，而取法於天。雖天亦不辯貧富、貴賤、遠邇、親疏，賢者舉而尚之，不肖者抑而廢之。

注釋

　　①距年之言：老年人的話。

②裨輔而身：輔佐你的身體。

③元聖：大聖人。

④雜：雜混，夾雜。

⑤河瀕：黃河岸邊。

⑥與：授予，給予。

⑦被褐：穿著粗布衣。

⑧庸築：被雇傭築土牆。

⑨三公：宰相。

譯文

　　況且以尊崇賢才做為政治的根本，這豈是墨子自己說的？這是聖王之道，先王書中所說，老年人所言。古傳說：「尋求聖君哲人，來輔佐你本身。」《湯誓》說：「尋求大聖人，與你同心協力，以治理天下。」這是說聖人是不放棄尊敬賢才使用能人為政的。所以古代的聖王唯能謹慎地尊崇賢才使用能人為政，沒有別的事情混雜，天下都得到他們的利益。古代舜在歷山耕作，在黃河岸邊製作陶器，在雷澤打魚。堯在服澤的北邊得到舜，將他舉薦為天子，給予他天下的政務，治理天下的百姓。伊摯是有莘女的家臣，做過廚師。商湯得到他，將他提拔為自己的宰相，授予他天下的政務，治理天下的百姓。傅說穿著粗布衣服，以繩索為衣帶，做傭工版築。商武丁得到他，將他提拔為三公，授予他天下的政務，治理天下的百姓。這些人為什麼開始卑賤終於尊貴，開始貧窮終於富足？即是因為王公大人明白以尊崇賢才使用能人做為政治，因此百姓沒有饑餓而得不到食物，沒有寒冷而得不到衣服，工作而得不到休息，動亂而得不到治理的現象。所以古代聖王以謹慎的態度尊崇賢才使用能人做為政治，取法於天。只有天不分貧富、貴賤、遠近、親疏，賢才被舉薦而受到尊重，不賢者被壓制而廢除不用。

▌原文

然則富貴為賢以得其賞者誰也？曰：若昔者三代聖王堯舜禹湯文武者是也。所以得其賞何也？曰：其為政乎天下也，兼而愛之，從而利之；又率天下之萬民[①]，以尚尊天事鬼，愛利萬民。是故天鬼賞之，立為天子，以為民父母。萬民從而譽之曰「聖王」[②]，至今不已。則此富貴為賢以得其賞者也。

（注釋）

①率：率領。
②譽：讚譽。

譯文

然而富貴而又賢明得到獎賞的是誰呢？答曰，從前三代聖王堯舜禹湯文武等人是這樣。所以得到獎賞的原因是什麼呢？答道：他們治理天下，兼相愛民，從而帶給他們利益；又率領天下的百姓，尊重上天，侍奉鬼神，愛護興利於百姓。所以上天、鬼神獎賞他們，將他們立為天子，做為百姓的父母官。百姓從而叫他們為「聖王」，至今不止。這些是富貴而且賢明得到獎賞的人。

▌原文

然則富貴為暴以得其罰者誰也？曰：若昔者三代暴王桀紂幽厲者是也。何以知其然也[①]？曰：其為政乎天下也，兼而憎之，從而賊之[②]，又率天下之民以上詬天侮鬼[③]，賊傲萬民。是故天鬼罰之，使身死而為刑戮，子孫離散，家室喪滅，絕無後嗣。萬民從而非之曰「暴王」[④]，至今不已。則此富貴為暴而以得其罰者也。

①知其然：知道其原因。

②賊：殘害。

③詬：辱 。

④非：非難，責備。

譯文

然而富貴而又殘暴得到懲罰的人是誰呢？答道：如從前三代暴王夏桀、商紂、周幽王、周厲王這些人就是。為何知道其中的原因呢？答曰：他們治理天下，兼相憎惡，從而殘害百姓，又率領天下百姓詬罵上天，侮辱鬼神，殘害百姓。所以上天、鬼神懲罰他們，使他們身被殺死，遭到刑戮，子孫離散，家族喪失毀滅，沒有後代，百姓從而斥責他們為「暴王」，至今不止。這些是富貴而又殘暴而得到懲罰的人。

原文

然則親而不善以得其罰者誰也①？曰：若昔者伯鯀，帝之元子，廢帝之德庸②，既乃刑之於羽之郊③，乃熱照無有及也，帝亦不愛。則此親而不善以得其罰者也。

注釋

①親：親近。

②德庸：功德。

③既乃：不久。

然而親近卻不做善事而得到懲罰的人是誰呢？答道：如從前的伯鯀，雖然是帝顓頊的長子，卻廢棄了帝顓頊的功德，不久被流放到羽山之野，那裡太陽照不到，帝顓頊也不愛他，這是親近卻不做善事而得到懲罰的人。

▶原文

《周頌》道之曰：「聖人之德，昭於天下，若天之高，若地之普①。若山之承②，不坼不崩；若日之光，若月之明，與天地同常。」則此言聖人之德章明博大③，埴固以修久也④。故聖人之德，蓋總乎天地者也⑤。今王公大人欲王天下⑥、正諸侯，夫無德義，將何以哉？其說將必挾震威強。今王公大人將焉取挾震威強哉？傾者民之死也！民生為甚欲，死為甚憎。所欲不得，而所憎屢至。自古及今，未嘗能有以此王天下、正諸侯者也。今大人欲王天下、正諸侯，將欲使意得乎天下，名成乎後世，胡不察尚賢為政之本也？此聖人之厚行也⑦。

注釋

①普：廣大。
②承：連綿不絕。
③章：同「彰」。
④埴固：堅定牢固。
⑤總乎：綜合。
⑥王天下：稱王天下。
⑦厚行：厚重的德行。

譯文

《周頌》說：「聖人的功德，昭示於天下，像天一樣高，像地一樣廣。像山一樣綿延，不裂開不崩塌；像太陽的光芒，像月亮一樣明亮，與天地長在。」這是說聖人的功德彰顯博大，堅固長久。所以聖人的功德，綜合於天地之間。現在王公大人希望稱王天下，做諸侯之長，如果沒有德行道義，將憑藉什麼呢？回答必定是用威信和強權。現在王公大人將如何獲得威信和強權？鎮壓百姓逼迫他們去死！百姓很想求生，很憎惡死亡，所希望的得不到，而所憎恨的屢次降臨。從古到今，沒有人曾經能夠以此稱王天下，做諸侯之長的。現在大人想稱王天下，做諸侯之長，將希望使自己的意志在天下得以實現，名傳後世，為什麼不考察尚賢是為政根本這個原則呢？這是聖人崇高的德行。

◎尚賢下

題解

本篇著重論述了要想使國家富裕，天下大治，人口眾多，必須以尚賢為政。全篇形象地告訴人們，宰殺牛羊必須依靠屠夫，縫製衣服必須尋找裁縫，修東西必須借助工匠，這是人人都明白的道理。但放到治國之道上，王公大人們卻任人惟親，遠避賢才，真是明小不明大，對待國家不如對待一件財物。本

篇告誡治國者，要想合乎聖王之道，實行仁義之政，必須重視
尚賢之說。本篇注譯時略有刪節。

原文

　　子墨子言曰：天下之王公大人，皆欲其國家之富也，人民
之眾也，刑法之治也①。然而不識以尚賢為政其國家百姓②，王
公大人本失尚賢為政之本也③。苟若王公大人本失尚賢為政之
本也，則不能毋舉物示之乎？今若有一諸侯於此，為政其國家
也，曰：「凡我國能射御之士，我將賞貴之④；不能射御之士，
我將罪賤之⑤。」問於若國之士，孰喜孰懼？我以為必能射御
之士喜，不能射御之士懼。我嘗因而誘之矣，曰：「凡我國之
忠信之士，我將賞貴之；不忠信之士，我將罪賤之。」問於若
國之士，孰喜孰懼？我以為必忠信之士喜，不忠不信之士懼。
今惟毋以尚賢為政其國家百姓，使國為善者勸⑥，為暴者沮⑦。
大以為政於天下，使天下之為善者勸，為暴者沮。然昔吾所以
貴堯舜禹湯文武之道者，何故以哉？以其唯毋臨眾發政而治民
⑧，使天下之為善者可而勸也，為暴者可而沮也。然則此尚賢
者也，與堯舜禹湯文武之道同矣。

注釋

　　①治：治理。
　　②不識：不知道，不懂得。
　　③本：根本。
　　④賞貴：獎賞並使其富貴。
　　⑤罪賤：治罪並使其貧賤。
　　⑥勸：勸勉。
　　⑦沮：阻止。

⑧臨眾：面對百姓。

譯文

墨子說：天下的王公大人都希望國家富裕，人口眾多，刑法得到治理。然而，卻不懂得尊重賢才，使他們治理國家百姓，王公大人本身就喪失了為政的根本。如果王公大人本身就喪失了尊崇賢才為政的根本，難道不能舉例給他們說明嗎？現在如果有一位諸侯在這裡，治理他的國家，說：「凡是我國能夠射箭駕車的人，我將獎賞並使他富貴；不能射箭駕車的人，我將使他受罪貧賤。」試問那個國家的人，誰喜歡誰害怕？我認為必然是能夠射箭駕車的人喜歡，不能夠射箭駕車的人害怕？我曾經因此進一步引導，說：「凡是我國忠信的士人，我將獎賞並使他富貴，不忠信的士人，我將使他受罪貧賤。」試問這個國家的士人，誰喜歡誰害怕？我認為必然是忠信的士人喜歡，不忠不信的士人害怕。現在只有尊崇賢才，使他們治理國家百姓，使國內做好事的人受到勉勵，做壞事的人受到制止。擴大到治理天下，使天下做好事的人受到勉勵，做壞事的人得到制止。然而，從前我所以看重堯舜禹湯文武之道的原因是什麼呢？因為他們面對百姓發佈政令，治理百姓，使天下做好事的人得到勉勵，做壞事的人得到制止。既如此，那麼這種尊崇賢才的做法，與堯舜禹湯文武的治國之道是相同的。

原文

而今天下之士君子①，居處言語皆尚賢②；逮至其臨眾發政而治民，莫知尚賢而使能。我以此知天下之士君子，明於小而不明於大也③。何以知其然乎？今王公大人，有一牛羊之財不能殺，必索良宰；有一衣裳之財不能製，必索良工。當王公大

人之於此也，雖有骨肉之親、無故富貴、面目美好者，實知其不能也，不使之也。是何故？恐其敗財也④。當王公大人之於此也，則不失尚賢而使能。王公大人有一罷馬不能治⑤，必索良醫；有一危弓不能張⑥，必索良工。當王公大人之於此也，雖有骨肉之親、無故富貴、面目美好者，實知其不能也，必不使。是何故？恐其敗財也。當王公大人之於此也，則不失尚賢而使能。逮至其國家則不然，王公大人骨肉之親、無故富貴、面目美好者則舉之。則王公大人之親其國家也，不若親其一危弓、罷馬、衣裳、牛羊之財與！我以此知天下之士君子，皆明於小而不明於大也。此譬猶瘖者而使為行人⑦，聾者而使為樂師。是故古之聖王之治天下也，其所富，其所貴，未必王公大人骨肉之親、無故富貴、面目美好者也。

注釋

①士君子：士大夫和君子。
②居處言語：居住説話。
③明：明白，懂得。
④敗財：毀壞財物。
⑤罷（ㄆㄧ ˊ）馬：疲病的馬。
⑥危弓：壞弓。
⑦瘖者：啞巴。 行人：出外的使者。

譯文

　　現在天下的士大夫和君子，平時說話都崇尚賢才，等到他們面對百姓發佈政令，治理百姓，卻不知道崇尚賢才使用能人。我因此知道天下的士大夫和君子，明白小事而不明白大事。為什麼知道是這樣呢？現在王公大人有一頭牛羊不會宰殺，必定

尋找好屠夫；有一件衣服不會縫製，必定尋找好裁縫。當王公大人做這些事時，雖然有骨肉親人、無故而富貴的人、相貌美好的人，確實知道他們不能勝任，必定不使用他們。這是什麼原因呢？恐怕他們毀壞財物。當王公大人對待這些事，則不失去尊崇賢才使用能人的原則。王公大人有一匹病馬不能醫治，必定尋找好獸醫；有一張壞弓不能張開，必定尋找好工匠。王公大人對待這些事，雖然有骨肉親人、無故富貴的人、相貌美好的人，確實知道他們不能勝任，必定不使用他們。這是什麼原因呢？恐怕他們毀壞財物。當王公大人對待這些事時，則不喪失尊崇賢才使用能人的原則。等到他們治理國家時則不是這樣的，王公大人的骨肉親人、無故富貴的人、相貌美好的人，就被薦舉任用。那麼王公大人親近國家，還不如親近一張壞弓、病馬、衣服、牛羊等財物！我因此知道天下的士大夫和君子，都明白小事而不明白大事。這如同使啞巴做出外的使者，聾子做樂師。所以，古代的聖王治理天下，他們所以使富裕、尊貴的人，未必是王公大人的骨肉親人、無故而富貴的人、相貌美好的人。

▶原文

曰：今也天下之士君子，皆欲富貴而惡貧賤。曰：然女何為而得富貴而辟貧賤①？莫若為賢。為賢之道將奈何？曰：有力者疾以助人②，有財者勉以分人，有道者勸以教人③。若此，則饑者得食，寒者得衣，亂者得治。若饑則得食，寒則得衣，亂則得治，此安生生④。

（注釋）

①辟：同「避」。

②疾：迅速。
③勸：勉力。
④生生：生活。

譯文

有人說：現在天下士人君子，都想富貴而厭惡貧賤。問道然而你如何能夠得到富貴，避免貧賤呢？不如做賢人。做賢人的方法是什麼呢？答道：有力量的迅速幫助別人，有財物的勉力分給他人，有學問的努力教導別人。如果這樣，那麼饑餓者得到食物，寒冷者得到衣服，混亂得到治理。如果饑餓者得到食物，寒冷者得到衣服，混亂得到治理，那麼人們就可以安定地生活了。

原文

今王公大人，其所富，其所貴，皆王公大人骨肉之親、無故富貴、面目美好者也。今王公大人骨肉之親、無故富貴、面目美好者，焉故必知哉①？若不知，使治其國家②，則其國家之亂，可得而知也。

注釋

①焉故：何故。
②使：讓。

譯文

現在王公大人，他們所使富裕、尊貴的人都是他們的骨肉親人、無故而富貴和相貌美好的人。如今王公大人的骨肉親人、

無故而富貴和相貌美好的人，他們為何必定有智識呢？如果沒有智識，使他們治理國家，那麼國家的混亂，是可以預測而知的。

原文

今天下之士君子，皆欲富貴而惡貧賤，然女何為而得富貴而辟貧賤哉①？曰：莫若為王公大人骨肉之親、無故富貴、面目美好者。王公大人骨肉之親、無故富貴、面目美好者，此非可學而能者也。使不知辯②，德行之厚，若禹湯文武，不加得也；王公大人骨肉之親，躄喑聾瞽，暴為桀紂③，不加失也。是故以賞不當賢，罰不當暴。其所賞者，已無攻矣；其所罰者，亦無罪。是以使百姓皆攸心解體④，沮以為善；垂其股肱之力⑤，而不相勞來也⑥；腐臭餘財⑦，而不相分資也⑧；隱匿良道，而不相教誨也。若此則饑者不得食，寒者不得衣，亂者不得治。

注釋

①辟：同「避」。
②使：如果，假使。
③躄喑：跛足和啞巴。
④攸心解體：人心渙散。
⑤垂：懶惰。
⑥勞來：慰勞招撫。
⑦腐臭：腐爛變質。
⑧分資：分給資財。

譯文

現在天下的士大大君子都想富裕尊貴，厭惡貧賤。然而如

何做才能得到富裕尊貴，避免貧賤呢？答道：不如做王公大人的骨肉親人、無故富貴、面目美好的人。王公大人的骨肉親人，無故富貴、面目美好的人，這不是可以學習就能達到的。如果不加辨別，德行很高，如禹、商、湯、周文王、周武王，也不會得到富貴；王公大人的骨肉親人，即便是跛足、啞巴、耳聾和盲人，殘暴如夏桀商紂，也不會失掉富貴。所以獎賞的不是賢才，懲罰的不是暴徒。所獎賞的是沒有功業的人，所懲罰的是沒有罪過的人。因此百姓都人心渙散，停止做善事，四肢麻木懶惰，而不相互慰勞招撫，即使多餘的財物腐爛變質，也不相互分給資財；藏匿起好的學識道德，而不相互教誨。如果這樣，那麼饑者不得食，寒者不得衣，社會混亂不能得到治理。

▶原文

是故昔者堯有舜，舜有禹，禹有皋陶，湯有小臣，武王有閎夭、泰顛、南宮括、散宜生，而天下和[①]，庶民阜[②]。是以近者安之，遠者歸之[③]。日月之所照，舟車之所及，雨露之所漸，粒食之所養，得此莫不勸譽[④]。且今天下之王公大人士君子[⑤]，中實將欲為仁義，求為上士，上欲中聖王之道[⑥]，下欲中國家百姓之利，故尚賢之為說，而不可不察此者也。尚賢者，天、鬼、百姓之利而政事之本也。

注釋

①和：太平。

②阜（ㄈㄨˋ）：富裕。

③歸：歸附。

④勸譽：勸勉讚譽。

⑤且：假如。

⑥中：合乎，符合。

譯文

　　所以從前堯得到舜，舜得到禹，禹得到皋陶，商湯得到伊尹，周武王得到閎夭、泰顛、南宮括、散宜生，從而天下太平，百姓富裕。因此，近處的人得到安撫，遠處的人得以歸附。太陽和月亮所照耀的地方，車船所能到達的地方；雨露所滋潤的地方，糧食所能供養的地方，得到這些人們沒有不互相勸勉讚譽的。假使現在天下的王公大人、士大夫君子，誠心想要行仁義之道，尋求高尚的士人，在上想合乎聖王治理之道，在下想合乎國家百姓的利益，所以對崇尚賢才的學說，不可不認真考察。崇尚賢才，可以有利於上天、鬼神、百姓，並且是政治的根本。

◎尚同上

題解

　　本篇認為天下百姓的意見，必須統一於里長、鄉長、國君，以至於天子。因為他們代表了正確的言行和做人的規範。天下之所以混亂的原因，就是意見不統一，人們不能明辨是非，以至於人們互相以水火毒藥殘害，如同禽獸一般。只有天下統一，人們的意志統一於天子，天下才會安定，才會避免混亂和上天的懲罰。

原文

子墨子言曰：古者民始生，未有刑政之時①，蓋其語，人異義②。是以一人則一義，二人則二義，十人則十義。其人茲眾③，其所謂義者亦茲眾。是以人是其義，以非人之義，故交相非也。是以內者父子兄弟作怨惡離散，不能相和合④；天下之百姓，皆以水火毒藥相虧害。至有餘力，不能以相勞；腐朽餘財，不以相分；隱匿良道⑤，不以相教。天下之亂，若禽獸然。

注釋

①刑政：刑法政治。
②人異義：人們意見不統一。
③茲：通「滋」。
④和合：和諧合作。
⑤良道：好的學問道德。

譯文

墨子說：古代初民剛開始生存，沒有刑法政治之時，大概他們說話，每個人意見不統一。因此一人則一個意見，二人則二個意見，十人則十個意見。人越多，所謂的意見就越多，因此每個人認為自己的意見正確，攻擊他人的意見，所以互相攻擊。因此，家庭內部父子兄弟互相怨恨憎惡而離散，不能夠和諧合作；天下的百姓，都用水火毒藥互相殘害。以至於有餘力，不能慰勞別人；餘財腐爛，也不分給他人；藏起好的學問道德，不相教誨。天下混亂，如同禽獸一樣。

▶原文

　　夫明虖天下之所以亂者①，生於無政長②，是故選天下之賢可者，立以為天子。天子立，以其力為未足，又選擇天下之賢可者，置立之以為三公③。天子、三公既以立，以天下為博大，遠國異土之民，是非利害之辯④，不可一二而明知，故畫分萬國⑤，立諸侯國君。諸侯國君既已立，以其力為未足，又選擇其國之賢可者，置立之以為正長。

注釋

　　①虖（ㄏㄨ）：同「乎」。
　　②生：產生，發生。
　　③三公：周代以太師、太傅、太保位列三公，相當於丞相。
　　④辯：同「辨」，分辨。
　　⑤畫分：劃分。

譯文

　　明白了天下之所以混亂的原因，是由於沒有行政長官，所以選拔天下的賢才，立為天子。天子確立後，因為他的力量不足，又選擇天下賢能可以為政的人，安置在三公之位。天子、三公既然確立，因為天下廣大，遠國異地的百姓，對於是非利害的辨別，不可能全部明白，所以將天下劃分為許多國家，確立諸侯國君。諸侯國君既然確立，因為他的力量不足，又選拔國內賢能可以為政的人，安置他們做行政長官。

▶原文

　　正長既已具，天子發政於天下之百姓，言曰：「聞善而不

善，皆以告其上。上之所是，必皆是之；所非，必皆非之。上有過則規諫之^①，下有善則傍薦之。上同而不下比者^②，此上之所賞而下之所譽也。意若聞善而不善^③，不以告其上；上之所是弗能是，上之所非弗能非；上有過弗規諫，下有善弗傍薦；下比不能上同者，此上之所罰而百姓所毀也^④。」上以此為賞罰，甚明察以審信。

注釋

①過：過失，錯誤。
②比：結黨勾結。
③意若：假如。
④毀：詆毀。

譯文

行政長官既然確立了，天子對天下的百姓發佈政令，說道：「聽到好的言行和不好的言行，都把它告訴上司。上司認為正確，大家必定都贊成它；上司認為不對，大家必定都反對它。上司有過失就規勸進諫，下邊有好的言行就廣為推薦。與上司統一而在下不互相結黨勾結，這是上司所獎賞而百姓所讚賞的。如果聽到正確和錯誤的言行，不把它告訴上司；上司認為正確的不能贊成，上司認為錯誤的不能反對；上司有錯誤不能規勸指出，百姓有正確的言行不能推廣舉薦；在下勾結不能與上司統一，這是上司所要懲罰而百姓所詆毀的。」上司以此作為獎賞和懲罰的依據，這是非常明察、謹慎可信的。

原文

是故里長者，里之仁人也。里長發政里之百姓，言曰：「聞

善而不善，必以告其鄉長。鄉長之所是，必皆是之；鄉長之所非，必皆非之。去若不善言[①]，學鄉長之善言；去若不善行，學鄉長之善行。則鄉何說以亂哉？」察鄉之所治者何也？鄉長唯能壹同鄉之義[②]，是以鄉治也。鄉長者，鄉之仁人也。鄉長發政鄉之百姓，言曰：「聞善而不善者，必以告國君。國君之所是，必皆是之；國君之所非，必皆非之。去若不善言，學國君之善言；去若不善行，學國君之善行。則國何說以亂哉？」察國之所以治者何也？國君唯能壹同國之義，是以國治也。國君者，國之仁人也。國君發政國之百姓，言曰：「聞善而不善，必以告天子。天子之所是，皆是之；天子之所非，皆非之。去若不善言，學天子之善言；去若不善行，學天子之善行。則天下何說以亂哉？」察天下之所以治者何也？天子唯能壹同天下之義，是以天下治也。

注釋

①若：你，你們。
②壹同：統一。

譯文

　　所以，里長是每個里的仁人。里長對全里的百姓發佈政令，說道：「聽到好的和不好的言行，必定告訴鄉長。鄉長認為好的，必定都贊成它；鄉長認為錯誤的，必須都反對它。拋棄你不好的言語，學習鄉長好的言語；拋棄你不好的行為，學習鄉長好的行為。那麼鄉里怎麼會混亂呢？」考察鄉里所以得到治理的原因是什麼呢？鄉長能夠統一全鄉的意見，因此全鄉得到治理。鄉長是每個鄉的仁人。鄉長向鄉里的百姓發佈政令，說道：「聽到好的和不好的言行，必定告訴國君。國君認為正

確，必定都贊成它；國君認為不正確的，必須都反對它。拋棄你們不好的言語，學習國君好的言語；拋棄你們不好的行為，學習國君好的行為。那麼國家怎麼會混亂呢？」考察國家之所以治理的原因是什麼呢？國君能夠統一全國的意見，因此國家得到治理。國君是全國的仁人。國君對國內的百姓發佈政令，說道：「聽到好的和不好的言行，必定告訴天子。天子認為正確的，就都贊成它；天子認為不正確的，就都反對它。拋棄你們不好的言語，學習天子好的言語；拋棄你們不好的行為，學習天子好的行為。那麼，天下怎麼會混亂呢？」考察天下所以治理的原因是什麼呢？天子能夠統一天下的意見，因此天下得到治理。

▌原文

　　天下之百姓皆上同於天子，而不上同於天，則災猶未去也。今若天飄風苦雨①，溱溱而至者②，此天之所以罰百姓之不上同於天者也。是故子墨子言曰：「古者聖王為五刑③，請以治其民④。譬若絲縷之有紀，網罟之有綱，所以連收天下之百姓不尚同其上者也⑤。」

注釋

　　①飄風苦雨：暴風淫雨。
　　②溱溱（ㄓㄣ　ㄓㄣ）：一再。
　　③五刑：古代五種刑罰。
　　④請：確實。
　　⑤連收：約束。

譯文

　　天下的百姓都統一於天子，而不向上統一於天，那麼災禍

仍然不會袪除。現在如果天有暴風淫雨，常常降臨的話，這是天懲罰百姓不向上統一於天。所以墨子說：「古代聖王制訂五種刑罰，確實是用來治理百姓的。如同絲線有捆繩，網有總繩，是用來約束天下的百姓不統一於他們的上司的。」

◎尚同中

題解

本篇詳細論述了尚同為政的必要性。如果意見不統一，勢必天下大亂，人們之間沒有君臣之禮，長幼之節。墨子認為，百姓的意見應當統一於上司，上司的意見應當統一於國君，國君的意見應當統一於天子，天子的政令應當服從於天，只有天下統一，以尚同治理天下，才能「富其國家，眾其人民，治其刑政，定其社稷」。

▮原文

子墨子曰：方今之時，復古之民始生①，未有正長之時，蓋其語，天下之人異義，是以一人一義，十人十義，百人百義。其人數茲眾②，其所謂義者亦茲眾。是以人是其義，而非人之義，故相交非也。內之父子兄弟作怨仇，皆有離散之心，不能相和合。至乎舍餘力③，不以相勞；隱匿良道④，不以相教；腐朽餘財，不以相分。天下之亂也，至如禽獸然。無君臣上下長幼之節、父子兄弟之禮，是以天下亂焉。

注釋

①復古：回到古代。
②茲：同「滋」。
③至乎：至於。
④隱匿：隱藏。

譯文

墨子說：當今之時，返回去考察古代人民開始生存、沒有行政長官之時，他們說的話，天下人意見不同，因此一人一個意見，十人十個意見，百人百個意見。人數越多，意見也越多。因此，人們認為自己是對的，而否定別人的意見，所以相互非難。在家內父子兄弟互相怨恨，都有離散的心意，不能夠互相和諧合作。以至於捨棄多餘的力量，不互相幫助；隱藏良好的道德學問，不相互教導；腐爛的多餘財物，不互相分配。天下混亂，如同禽獸。沒有君臣上下長幼的禮節、父子兄弟的禮儀，因此天下混亂。

原文

明乎民之無正長以一同天下之義①，而天下亂也，是故選擇天下賢良、聖知、辯慧之人，立以為天子，使從事乎一同天下之義。天子既以立矣，以為唯其耳目之請②，不能獨一同天下之義，是故選擇天下贊閱賢良、聖知、辯慧之人③，置以為三公，與從事乎一同天下之義。天子、三公既已立矣，以為天下博大，山林遠土之民，不可得而一也，是故靡分天下④，設以為萬諸侯國君，使從事乎一同其國之義。國君既已立矣，又以為唯其耳目之請，不能一同其國之義，是故擇其國之賢者，置以為左右將軍大夫，以逮至乎鄉里之長，與從事乎一同其國

之義。天子、諸侯之君、民之正長，既已定矣，天子為發政施教，曰：「凡聞見善者，必以告其上；聞見不善者，亦必以告其上。上之所是，亦必是之；上之所非，亦必非之。己有善，傍薦之；上有過，規諫之。尚同乎其上，而毋有下比之心。上得則賞之，萬民聞則譽之。意若聞見善⑤，不以告其上；聞見不善，亦不以告其上；上之所是不能是，上之所非不能非；己有善，不能傍薦之；上有過，不能規諫之；下比而非其上者，上得則誅罰之，萬民聞則非毀之⑥。」故古者聖王之為刑政賞譽也，甚明察以審信⑦。是以舉天下之人，皆欲得上之賞譽而畏上之毀罰。

注釋

①一同：統一。
②請：同「情」，情況。
③辯慧：雄辯智慧。
④靡分：分散。
⑤意若：如果。
⑥非毀：攻擊詆毀。
⑦審信：審慎守信。

譯文

　　明白了百姓沒有行政長官來統一天下的意見，而天下就要混亂，所以，選擇天下賢慧善良、聖明有知識、雄辯智慧的人，立為天子，使他們從事於統一天下意見的事業。天子既然已經確立，因為只憑他的耳目所瞭解的情況，不能統一天下的意見，所以選擇天下賢慧善良、聖明有知識、雄辯智慧的人，安排他們擔任三公的職位，讓他們從事統一天下意見的事業。天子、

三公既然已經確立，因為天下廣大，處於山林荒遠之地的百姓，不能得到統一，所以區分天下，設立了許多諸侯國君，使他們從事於統一他們國家意見的事業。國君既然已經確立，又因為只憑他們耳目所瞭解的情況，不能統一國家的意見，所以選擇國內的賢才，放置在左右卿、將軍、大夫的位置，直到鄉長、里長也一同參與統一國家意見的事業。天子、諸侯國君、百姓行政長官，既然已經確定，天子為此發佈政令，施行教化，說：「凡聽到好的言行，必定告訴上司；聽見不好的言行，也必定告訴上司。上司所認為對的，也必定贊成它；上司所認為不對的，也必定反對它。自己有好的言行，要廣泛推薦；上司有過失，要規勸進諫，向上與上司統一，不要有互相結黨勾結之心。上司得知要獎賞，百姓聽到要讚揚。如果聽到好的言行，不把它告訴上司；聽見不好的言行，也不把它告訴上司；上司認為對的不能贊成，認為錯的不加反對；自己有好的言行，不能廣為推薦；上司有過失，不能規勸進諫；在下勾結非難上司——上司知道了就要懲罰，百姓聽到了就要非難詆毀。」所以古代的聖王對待刑事政治的獎賞讚揚，是很明察謹慎而守信的。因此，全天下的百姓，都想得到上司獎賞讚揚，而害怕上司詆毀懲罰。

原文

　　是故里長順天子之政而一同其里之義①。里長既同其里之義，率其里之萬民以尚同乎鄉長，曰：「凡里之萬民，皆尚同乎鄉長而不敢下比，鄉長之所是，必亦是之；鄉長之所非，必亦非之。去而不善言，學鄉長之善言；去而不善行，學鄉長之善行。」鄉長固鄉之賢者也②。舉鄉人以法鄉長③，夫鄉何說而不治哉？察鄉長之所以治鄉者，何故之以也？曰唯以其能一同其鄉之義，是以鄉治。鄉長治其鄉而鄉既已治矣，有率其鄉萬

民，以尚同乎國君，曰：「凡鄉之萬民④，皆上同乎國君而不敢下比。國君之所是，必亦是之；國君之所非，必亦非之。去而不善言，學國君之善言；去而不善行，學國君之善行。」國君固國之賢者也，舉國人以法國君，夫國何說而不治哉？察國君之所以治國而國治者，何故之以也？曰：唯以其能一同其國之義，是以國治。

注釋

　　①順：順從，遵從。
　　②固：本來。
　　③法：效法，學習。
　　④凡：大凡，凡是。

譯文

　　所以，里長遵照天子的政令，統一全里百姓的意見。里長既然統一全里的意見，率領全里的百姓以向上統一於鄉長。說：「凡是全里的百姓，都向上統一於鄉長而不敢結黨勾結，鄉長認為正確的，必定也贊成它；鄉長所反對的，必定也反對它。拋棄不好的言語，學習鄉長的言語；拋棄不好的行為，學習鄉長好的行為。」鄉長本來是鄉里的賢才。全鄉的人都效法鄉長，鄉里怎能說不能治理呢？考察鄉長之所以治理全鄉的原因是什麼呢？只因為能夠統一全鄉的意見，因此鄉里得到治理。鄉長治理全鄉而全鄉已得到治理，又率領全鄉的百姓，向上統一於國君，說：「凡是全鄉的百姓，都向上統一於國君而不敢結黨勾結。國君認為正確的，也必定贊成它；國君認為不對的，也必定反對它。拋棄不好的言語，學習國君好的言語；拋棄不好的行為，學習國君好的行為。」國君本來是國家的賢才，全國

人都來效法國君，那麼怎麼能說國家不能治理呢？考察國君之所以治理國家而國家已經治理的原因是什麼呢？說：只因為他們能統一全國的意見，因此國家得到治理。

原文

國君治其國而國既已治矣，有率其國之萬民以尚同乎天子①，曰：「凡國之萬民，上同乎天子而不敢下比。天子之所是，必亦是之；天子之所非，必亦非之。去而不善言，學天子之善言；去而不善行，學天子之善行。」天子者，固天下之仁人也，舉天下之萬民以法天子，夫天下何說而不治哉？察天子之所以治天下者，何故之以也？曰：唯以其能一同天下之義，是以天下治。

注釋

①有：同「又」。

譯文

國君治理國家而國家既然得到治理，又率領國內的百姓向上統一於天子，說：「凡是國內的百姓，向上統一於天子而不敢相互勾結。天子認為對的，也必定贊成它；天子所認為不對的，也必定反對它。拋棄不好的言語，學習天子好的言語；拋棄不好的行為，學習天子好的行為。」天子本來是天下的仁人，全天下的百姓效法天子，怎麼能說天下不能治理呢？考察天子之所以治理天下的原因是什麼呢？答道：只因為他能統一天下的意見，因此天下得到治理。

▶原文

夫既尚同乎天子，而未上同乎天者，則天災將猶未止也①。故當若天降寒熱不節②，雪霜雨露不時③，五穀不孰④，六畜不遂⑤，疾災戾疫，飄風苦雨，薦臻而至者⑥，此天之降罰也，將以罰下人之不尚同乎天者也。故古者聖王明天鬼之所欲，而辟天鬼之所憎，以求興天下之利，除天下之害，是以率天下之萬民⑦，齊戒沐浴⑧，潔為酒醴粢盛以祭祀天鬼。其事鬼神也，酒醴粢盛不敢不蠲潔，犧牲不敢不腯肥⑨，珪璧幣帛不敢不中度量，春秋祭祀不敢失時幾，聽獄不敢不中⑩，分財不敢不均，居處不敢怠慢。曰：其為正長若此，是故上者天鬼有厚乎其為正長也，下者萬民有便利乎其為政長也。天、鬼之所深厚而能強從事焉⑪，則天、鬼之福可得也。萬民之所便利而能強從事焉，則萬民之親可得也。其為政若此，是以謀事得，舉事成，入守固，出誅勝者⑫，何故之以也？曰：唯以尚同為政者也。故古者聖王之為政若此。

注釋

①止：停止。
②不節：不調節。
③不時：不按時間。
④孰：同「熟」。
⑤遂：繁殖。
⑥薦臻：頻繁，連續。
⑦率：率領。
⑧齊戒：齋戒。齊，通「齋」。
⑨犧牲：祭祀物品（穴牛羊豕等）。
⑩聽獄：審理案件。
⑪強：努力，盡力。

⑫出誅：出外討伐。

譯文

　　既然向上統一於天子，但是如果不向上統一於天，那麼天災將不會停止。所以天使寒熱不調節，雪霜雨露不按時節，五穀不成熟，六畜不興旺，疾病災疫，暴風淫雨，連續不斷地降臨，這是天對百姓的懲罰，用來懲罰不向上統一於天的意見的人。所以古代聖王明白上天、鬼神的欲望，避開上天、鬼神所憎惡的東西，以追求興建天下的大利，祛除天下的大害，因此，率領天下的百姓，齋戒沐浴，洗乾淨酒食器皿，用來祭祀上天、鬼神。他們侍奉鬼神，酒食器皿不敢不整潔，祭祀物品不敢不肥大，玉器布帛不敢不合乎度量，春天和秋天祭祀不敢延誤時日，審理案件不敢不公正，分配財物不敢不均勻，日常禮節不敢怠慢。說：他們如此做行政長官，所以上天、鬼神將要厚待行政長官，在下的百姓也要為行政長官帶來便利。上天、鬼神厚待他們，他們又能努力做事，那麼上天、鬼神降臨的福佑可以得到。百姓給他們帶來便利，他們又能努力做事，那麼他們可以得到百姓的親近。他們如此為政，因此謀略可以得行，辦事可以成功，在內防守堅固，出征可取勝，這是什麼原因呢？答道：只因為向上統一為政。所以古代聖王如此為政。

原文

　　今王公大人之為刑政則反此①：政以為便譬、宗族父兄故舊②，以為左右，置以為正長。民知上置正長之非正以治民也，是以皆比周隱匿，而莫肯尚同其上。是故上下不同義。若苟上下不同義，賞譽不足以勸善③，而刑罰不足以沮暴④。何以知其然也？曰：上唯毋立而為政乎國家，為民正長，曰：「人可賞，

吾將賞之。」若苟上下不同義，上之所賞，則眾之所非。曰人眾與處，於眾得非⑤，則是雖使得上之賞，未足以勸乎？上唯毋立而為政乎國家，為民正長，曰：「人可罰，吾將罰之。」若苟上下不同義，上之所罰，則眾之所譽。曰人眾與處，於眾得譽，則是雖使得上之罰⑥，未足以沮乎？若立而為政乎國家，為民正長，賞譽不足以勸善，而刑罰不沮暴，則是不與鄉吾本言「民始生未有正長之時」同乎⑦？若有正長與無正長之時同，則此非所以治民一眾之道。

注釋

①反此：與此相反。

②便譬（ㄆㄧ丶）：得寵之人。

③勸善：勸勉善行。

④沮：阻止，制止。

⑤非：非難，非議。

⑥雖使：即使。

⑦鄉：同「向」，先前。

譯文

　　現在王公大人治理刑法政務卻與此相反，他們治理天下將那些得寵之人、宗族父兄、故舊相識，做為左右，任命為行政長官。百姓知道君上任命行政長官不是用來治理百姓，因此都互相勾結隱匿，而不肯向上統一於君上。所以上下意見不統一。如果上下意見不統一，所讚揚的不足以勸勉向善，而懲罰的不足以制止殘暴。怎麼知是這樣呢？答道：君上確立為政國家，任命百姓的行政長官，說：「有個人可以獎賞，我將獎賞。」如果上下意見不統一，君上所獎賞的，則是百姓所攻擊的。這個人與百姓相處，百姓反對，那麼即使得到君上的獎賞，也不

足以勸勉向善！君上確立為政國家，任命百姓的行政長官，說：「有個人可以懲罰，我將懲罰。」如果上下意見不同，君上所懲罰的，則是百姓所讚揚的。這個人與百姓相處，百姓讚揚，那麼即使君上懲罰，也不足以制止。如果確立為政國家，擔任百姓的行政長官，讚揚不足以勸勉向善，而懲罰不足以制止殘暴，那麼這不是與我先前所說「百姓當初生活在沒有行政長官之時」相同嗎？如果有行政長官與沒有行政長官相同，那麼這不是治理百姓統一大眾的道術。

原文

故古者聖王唯而審以尚同①，以為正長。是故上下情請為通②。上有隱事遺利，下得而利之；下有蓄怨積害，上得而除之③。是以數千萬里之外，有為善者，其室人未遍知④，鄉里未遍聞，天子得而賞之；數千萬里之外，有為不善者，其室人未遍知，鄉里未遍聞，天子得而罰之。是以舉天下之人，皆恐懼振動惕慄⑤，不敢為淫暴，曰：「天子之視聽也神！」先王之言曰：「非神也。夫唯能使人之耳目助己視聽，使人之吻助己言談⑥，使人之心助己思慮，使人之股肱助己動作。」助之視聽者眾，則其所聞見者遠矣；助之言談者眾，則其德音之所撫循者博矣⑦；助之思慮者眾，則其談謀度速得矣⑧；助之動作者眾，即其舉事速成矣。故古者聖人之所以濟事成功，垂名於後世者，無他故異物焉⑨，曰：唯能以尚同為政者也。

注釋

①唯而：唯能。

②情請：情況相通。請，通「情」。

③除：消除。

④室人：家人。

⑤惕慄：顫慄。

⑥吻：嘴。

⑦撫循：安撫相慰。

⑧速：很快。

⑨他故：其他的原因。

譯文

所以古代的聖王唯能謹慎地使用向上統一的人，做為行政長官。所以上下情況相同，上司有隱去的事情遺存的利益，下司能夠得知興利；百姓蓄積的怨恨禍害，上司得知而可以消除。因此，幾千萬里之外，有做好事的人，他的家人還不都知道，鄉里沒有聽說，天子得知而獎賞他；幾千萬里之外，有做壞事的人，他的家人不都知道，不都聽說，天子得知而懲罰他。因此，全天下的人都震動顫慄，不敢做壞事，說：「天子的視覺和聽覺太神奇了！」先王說：「不神奇。唯能使人們的耳目幫助自己視聽，使人們的嘴幫助自己說話，使人們的心幫助自己考慮，使人們的四肢幫助自己行動。」幫助視聽的人多，那麼先王的見聞就遙遠；幫助說話的多，那麼先王的善言撫慰的人就廣泛；幫助先王思考的人多，那麼先王的謀劃很快就成功；幫助先王做事的人多，那麼興辦事情就很快完成。所以古代的聖人之所以做事成功，名傳後世，沒有其他的原因和奇異的東西，說：唯能把向上統一做為政治。

原文

是以先王之書《周頌》之道之曰①：「載來見辟王②，聿求厥章③。」則此語古者國君諸侯之以春秋來朝聘天子之廷，受

天子之嚴教，退而治國，政之所加，莫敢不賓④。當此之時，本無有敢紛天子之教者。《詩》曰：「我馬維駱，六轡沃若，載馳載驅，周爰諮度。」又曰：「我馬維騏，六轡若絲，載馳載驅⑤，周爰諮謀⑥。」即此語也。古者國君諸侯之聞見善與不善也，皆馳驅以告天子。是以賞當賢，罰當暴，不殺不辜，不失有罪，則此尚同之功也。是故子墨子曰：「今天下之王公大人士君子，請將欲富其國家，眾其人民，治其刑獄，定其社稷，當若尚同之不可不察，此之本也。」

①周頌：《詩經》中的一部分。此處兩句見於《詩經‧周頌‧載見》。

②載：那個。

③聿：發語詞。

④賓：服從。

⑤載馳載驅：又載又驅。

⑥諮謀：諮詢，計謀。以上引詩見於《詩經‧小雅‧皇皇者華》。

譯文

因此，先王之書《周頌》說：「朝見君王，尋求車服禮儀等級制度。」這是說古代諸侯國君在春秋之時到朝廷朝拜天子，接受天子的嚴格教誨，回去治理國家，政令所到之處，沒有不服從的。那時，本來沒有敢於擾亂天子教令的人。《詩經》說：「我的馬兒白身黑鬣，六根韁繩光澤鮮亮，驅車奔跑，到處諮詢治國謀略。」又說：「我的馬兒青黑色，六根韁繩堅韌如絲。驅車奔跑，到處諮詢治國謀略。」說的就是這些。古代諸侯國

君聽到或見到好與壞的言行，都跑去稟告天子。因此，所獎賞的是賢才，所懲罰的是暴徒，不殺無辜之人，不放過有罪之人，這些都是向上統一的作用。所以墨子說：「現在天下的王公大人士大夫君子，誠心想使國家富裕，人民眾多，治理刑事獄政，社稷安定，應當對於向上統一的學說不可不明察，這是為政的根本。」

◎兼愛上

題解

兼愛學說是墨子的重要思想。墨子認為，天下混亂的根本原因，在於人們不兼愛，君不愛臣，父不愛子，兄不愛弟和臣不忠君，子不孝父，弟不敬兄，於是出現了家庭紛亂，國家之間互相攻打，天下大亂。只有天下人普遍相愛，才會盜賊不興，君臣父子之禮完備，社會安定，天下太平，民眾得到治理。

▶原文

聖人以治天下為事者也，必知亂之所自起①，焉能治之②；不知亂之所自起，則不能治。譬之如醫之攻人之疾者然：必知疾之所自起，焉能攻之③；不知疾之所自起，則弗能攻。治亂者何獨不然？必知亂之所自起，焉能治之；不知亂之所自起，則弗能治。

注釋

①自：從。
②焉：才。
③攻：醫治。

譯文

聖人以治理天下做為事業，必須知道混亂從何處產生，才能治理它；不知道混亂從何產生，就不能治理它。比如醫生替人醫治疾病，必須知道疾病從何而生，才能醫治；不知道疾病從何而生，就不能醫治。治理天下混亂何嘗不是這樣？必須知道混亂從何處產生，才能治理；不知道混亂從何處產生，則不能治理。

原文

聖人以治天下為事者也，不可不察亂之所自起。當察亂何自起①，起不相愛。臣子之不孝君父，所謂亂也。子自愛，不愛父，故虧父而自利②；弟自愛，不愛兄，故虧兄而自利；臣自愛，不愛君，故虧君而自利，此所謂亂也。雖父之不慈子，兄之不慈弟，君之不慈臣，此亦天下之所謂亂也。父自愛也，不愛子，故虧子而自利；兄自愛也，不愛弟，故虧弟而自利；君自愛也，不愛臣，故虧臣而自利。是何也？皆起不相愛。

注釋

①當：嘗試。
②虧：損害。

譯文

　　聖人把治理天下做為事業，不可不考察混亂從何產生。嘗試著考察混亂從何而起，在於人們不相愛。臣子不孝君主，就是所謂的混亂。兒子愛自己不愛父親，所以損害父親而利於自己；弟弟愛自己，不愛兄長，所以損害兄長而利於自己；臣子愛自己，不愛君主，所以損害君主而利於自己，這就是所謂的混亂。即使父親不慈愛兒子，兄長不慈愛弟弟，君主不慈愛臣子，這也是天下的混亂。父親愛自己，不愛兒子，所以損害兒子而有利自己；兄長愛自己，不愛弟弟，所以損害弟弟而有利自己；君主愛自己，不愛臣子，所以損害臣子而有利自己。這是為什麼呢？都在於不相愛。

原文

　　雖至天下之為盜賊者亦然：盜愛其室，不愛異室，故竊異室以利其室。賊愛其身，不愛人，故賊人以利其身[①]。此何也？皆起不相愛。雖至大夫之相亂家，諸侯之相攻國者亦然：大夫各愛其家，不愛異家，故亂異家以利其家。諸侯各愛其國，不愛異國，故攻異國以利其國。天下之亂物，具此而已矣。察此何自起？皆起不相愛。若使天下兼相愛，愛人若愛其身，猶有不孝者乎[②]？視父兄與君若其身，惡施不孝？猶有不慈者乎？視弟子與臣若其身，惡施不慈？故不孝不慈亡有[③]。猶有盜賊乎？視人之室若其室，誰竊？視人身若其身，誰賊？故盜賊亡有。猶有大夫之相亂家，諸侯之相攻國者乎？視人家若其家，誰亂？視人國若其國，誰攻？故大夫之相亂家，諸侯之相攻國者亡有。若使天下兼相愛，國與國不相攻，家與家不相亂，盜賊無有，君臣父子皆能孝慈，若此，則天下治。

注釋

①賊人：殘害別人。
②猶有：還有。
③亡：通「無」。

譯文

即使天下做盜賊的也是這樣：盜賊愛自己的家，不愛別人的家，所以盜竊別人的家以利於自己的家。盜賊愛自己，不愛別人，所以殘害別人以利於自己。這是什麼原因呢？都起於不相愛。即使大夫擾亂別的家族，諸侯攻打別國也是這樣：大夫各愛自己家族，不愛別的家族，所以就擾亂別的家族以利於自己家族。諸侯各愛自己國家，不愛別國，所以攻打別國以利於自己國家。天下混亂的事就是這些。考察從何而起，都起於不相愛。如果使天下的人都相愛，愛別人如同愛自己，還有不孝的人嗎？善待父親、兄長和君主如同自己，為何會不孝呢？還有不慈愛的嗎？看待弟弟、兒子與臣子如同自己，為何不慈愛呢？所以不孝不慈愛的人都沒有了。還有盜賊嗎？看待別人的家如同自己的家，誰會偷盜？看待別人如同自己，誰會殘害別人？所以盜賊都沒有了。還有大夫擾亂別的家族，諸侯相互攻打別國嗎？看待別人的家族如同自己家族，誰會擾亂？看待別人國家如同自己國家，誰會攻打？所以大夫相互擾亂家族，諸侯相互攻打別國的現象都沒有了。假使天下普遍相愛，國家與國家之間不互相攻打，家族與家族不相互擾亂，沒有盜賊，君主臣子、父親兒子都能孝敬慈愛，如果這樣，那麼天下就治理好了。

▶原文

故聖人以治天下為事者，惡得不禁惡而勸愛^①？故天下兼相愛則治，交相惡則亂。故子墨子曰「不可以不勸愛人」者，此也^②。

注釋

①惡得：怎能。
②此也：道理在這裡。

譯文

所以聖人把治理天下做為事業，怎麼能不禁止人們互相憎惡而勸勉人們相愛？所以天下普遍相愛則得到治理，互相憎惡就會混亂。所以墨子說「不可以不勸勉愛人」，道理就在這裡。

◎兼愛中

題解

本篇指出，仁人的事業是「興天下之利，除天下之害」。要達到這個目的，必須實行聖王之道，即「兼相愛」，反對「交相惡」。墨子認為，實行兼相愛是十分簡單的事情，關鍵看國君士大夫願不願意去做，如何把它落實在實際行動上。譬如攻城作戰，為名而死，這都是百姓很難辦到的，但只要國君喜歡，

百姓們都做到了，何況「兼相愛」的學說，與此根本不同！選
只要天下之君子，誠心想使天下富裕，天下治理，而厭惡貧窮
和混亂，就應當實行「兼相愛，交相利」的治國學說。

▶原文

　　子墨子言曰：仁人之所以為事者，必興天下之利①，除天
下之害，以此為事者也。然則天下之利何也？天下之害何也？
子墨子言曰：今若國之與國之相攻，家之與家之相篡②，人之
與人之相賊③，君臣不惠忠，父子不慈孝，兄弟不和調，此則
天下之害也。然則崇此害亦何用生哉④？以不相愛生邪？子墨
子言：以不相愛生。今諸侯獨知愛其國，不愛人之國，是以不
憚舉其國⑤，以攻人之國。今家主獨知愛其家，而不愛人之家，
是以不憚舉其家，以篡人之家。今人獨知愛其身，不愛人之身，
是以不憚舉其身，以賊人之身。是故諸侯不相愛，則必野戰；
家主不相愛，則必相篡；人與人不相愛，則必相賊；君臣不相
愛，則不惠忠；父子不相愛，則不慈孝；兄弟不相愛，則不和調。
天下之人皆不相愛，強必執弱⑥，眾必劫寡，富必侮貧⑦，貴必
敖賤，詐必欺愚。凡天下禍篡怨恨，其所以起者，以不相愛生
也⑧。是以仁者非之。

注釋

　　①興：興舉，興辦。
　　②相篡：相互爭奪。
　　③相賊：相互殘害。
　　④崇：應為「察」，考察。
　　⑤憚：害怕，顧忌。
　　⑥執：控制，掌握。

⑦侮：欺侮。

⑧以：因為。

譯文

墨子說：仁人所做的事，必定興辦天下的利益，除去天下的禍害，以此做為自己的事業。那麼天下之利是什麼？天下之害又是什麼？墨子說：現在國家與國家相互攻打，家族與家族相互爭奪，人與人之間相互殘害，國君與臣子不慈愛忠心，父親與兒子不慈愛孝順，兄長和弟弟不和睦相處，這是天下的禍害。然而，考察這種禍害是如何產生的？是因為人們普遍不相愛產生的嗎？墨子說：是因為人們不相愛產生的。現在諸侯只知道愛自己的國家，不愛別人的國家，因此，不顧忌用全國的力量，攻打別的國家。現在家主只知愛自己的家族，而不愛別人的家族，因此不顧忌用全部家族的力量，以篡奪別人的家族。現在人們只知愛自己的身體，不愛別人的身體，因此不顧忌以自己全部力量，殘害別人的身體。所以，諸侯不相愛，那麼必然會發生戰爭；家主不相愛，必然互相爭奪；人與人不相愛，就必然相互殘害；君主和臣子不相愛，就不惠愛忠心；父親兒子不相愛，就不會慈愛孝順；兄弟不相愛，就不會和睦相處。天下之人都不相愛，強大的必然控制弱小的，眾多的必然壓迫少數的，富裕的必然欺侮貧窮的，尊貴的必然輕視貧賤的，奸詐的必然欺騙愚昧的。凡是天下的禍害爭奪，積怨仇恨，它們所產生的原因，是因為不相愛而引起的，因此仁人非難這種現象。

原文

既以非之，何以易之①？子墨子言曰：以兼相愛、交相利

之法易之。然則兼相愛、交相利之法將奈何哉？子墨子言：視人之國②，若視其國；視人之家，若視其家；視人之身，若視其身。是故諸侯相愛，則不野戰；家主相愛，則不相篡③；人與人相愛，則不相賊；君臣相愛，則惠忠；父子相愛，則慈孝；兄弟相愛，則和調。天下之人皆相愛，強不執弱，眾不劫寡④，富不侮貧，貴不敖賤⑤，詐不欺愚。凡天下禍篡怨恨，可使毋起者，以相愛生也，是以仁者譽之。

注釋

①易：改變。
②視：看待，對待。
③篡：篡奪，爭奪。
④劫：搶劫，掠奪。
⑤敖：通「傲」，輕視。

譯文

既然非難它，又怎麼改變它？墨子說：用普遍相愛，互相興利的方法改變它。然而普遍相愛，互相興利的方法是什麼呢？墨子說：對待別人的國家，如同對待自己的國家；對待別人的家族，如同自己的家族；對待別人的身體，如同自己的身體。所以諸侯相愛，就不發生戰爭；家族相愛，就不互相爭奪；人與人相愛，就不互相殘害；君臣相愛，就惠愛忠心；父子相愛，就慈愛孝順；兄弟相愛，就和諧相處。天下之人都相愛，強大的不控制弱小的，眾多的不壓迫少數的，富裕的不欺侮貧窮的，尊貴的不輕視卑賤的，奸詐的不欺侮愚昧的。凡是天下的禍患怨恨，可使它不產生，因為普遍相愛而這樣，因此仁人讚揚它。

原文

然而今天下之士君子曰：然！乃若兼則善矣；雖然①，天下之難物於故也②。子墨子言曰：天下之士君子，特不識其利，辯其故也③。今若夫攻城野戰，殺身為名，此天下百姓之所皆難也。苟君說之，則士眾能為之。況於兼相愛、交相利，則與此異！夫愛人者，人必從而愛之；利人者，人必從而利之；惡人者，人必從而惡之；害人者，人必從而害之。此何難之有？特上弗以為政、士不以為行故也。昔者晉文公好士之惡衣④，故文公之臣，皆牂羊之裘⑤，韋以帶劍⑥，練帛之冠，入以見於君，出以踐於朝。是其故何也？君說之，故臣為之也。昔者楚靈王好士細要⑦，故靈王之臣，皆以一飯為節，脅息然後帶，扶牆然後起。比期年⑧，朝有黧(ㄌㄧˊ)黑之色。是其故何也？君說之，故臣能之也。

注釋

①雖然：即使這樣。
②難物：難辦的事情。
③辯：同「辨」，辨別。
④惡衣：粗製服裝。
⑤牂(ㄗㄤ)羊之裘：母羊皮做的皮衣。
⑥韋：熟牛皮。
⑦細要：細腰。要，同「腰」。
⑧期年：一年。

譯文

然而現在天下的士大夫君子說：對！如果普遍相愛就好了；即使這樣，天下難辦的事還很多。墨子說：天下士大夫君子，

只是不認識兼愛的益處，不明白不相愛的害處。現在攻城作戰，殺身成名，這是天下百姓都很難做到的。如果國君喜歡，那麼兵士能做到。何況普遍相愛，互相興利，與這不同！愛別人的人，別人必然從而愛他；有利於別人的人，別人必然從而有利於他；憎惡別人的人，別人必然從而憎惡他；殘害別人的人，別人必然從而殘害他。普遍相愛又有什麼困難的？只是君主不以此為政，士人不把他落實到行動上的緣故。從前晉文公喜歡臣子穿粗製衣服，所以晉文公的臣子，都穿著母羊皮做的皮衣，用熟牛皮做劍帶，戴著熟絹做的帽子，進入宮內見國君，出來在朝廷上行走。這是什麼原因呢？國君喜歡它，所以臣子就這麼做。從前楚靈王喜歡細腰，所以楚靈王的臣子，每天都吃一頓飯而後節制，扶著牆然後慢慢站起。等到一年後，滿朝臣子臉色黑瘦。這是什麼原因呢？國君喜歡它，所以臣子就能這樣做。

原文

昔越王句踐好士之勇[①]，教馴其臣[②]，和合之，焚舟失火，試其士曰[③]：「越國之寶盡在此！」越王親自鼓其士而進之[④]，士聞鼓音，破碎亂行，蹈火而死者[⑤]，左右百人有餘，越王擊金而退之。是故子墨子言曰：乃若夫少食、惡衣、殺人而為名，此天下百姓之所皆難也。若苟君說之，則眾能為之；況兼相愛、交相利，與此異矣！夫愛人者，人亦從而愛之；利人者，人亦從而利之；惡人者，人亦從而惡之；害人者，人亦從而害之。此何難之有焉？特上不以為政而士不以為行故也[⑥]。

注釋

①好：喜歡。

②馴：通「訓」。
③試：考驗。
④鼓：擊鼓。
⑤蹈火：跳進火裡。
⑥特：只是。

譯文

　　從前越王勾踐喜歡臣子勇猛，他教誨訓練他的臣子，把他們集合起來，讓人燃起大火，考驗他的臣子說：「越國的寶貝全在這裡！」越王親自擂鼓，他的臣子向前進，臣子聽到鼓聲，亂了陣腳，跳進火裡而死的人，大約有一百餘人，越王鳴金而收兵。所以墨子說：如果讓少吃飯、穿粗布衣服、殺人而成名，這是天下百姓都難做到的。如果國君鼓吹它，那麼百姓能夠做到；何況普遍相愛，互相興利，與這不同！愛別人的人，別人也愛他；興利於別人的人，別人也從而利於他；憎惡別人的人，別人也從而憎惡他；損害別人的人，別人也從而損害他。普遍相愛又有什麼困難的？只是君主不以此為政，而士大夫不願意去實施它罷了。

原文

　　是故子墨子言曰：今天下之君子，忠實欲天下之富①，而惡其貧；欲天下之治，而惡其亂，當兼相愛、交相利。此聖王之法，天下之治道也，不可不務為也②。

注釋

　　①忠實：內心確實。忠，通「中」，內心。
　　②務：努力，盡力。

所以墨子說：現在天下的君子，內心確實想使天下富裕，而厭惡貧窮；想使天下治理，而厭惡動亂，就應當普遍相愛，互相興利。這是聖王的法則，治理天下的道術，不可不努力去實施。

◎兼愛下

題解

本篇進一步闡述了兼愛是聖王之道，可以給百姓帶來利益，仁人的事業就是興天下之利，除天下之害。但是，天下有許多人不斷攻擊兼愛，對兼愛提出種種異議。認為兼愛不可行，不易行。墨子列舉了大量事實，說明主張兼愛的人「為其友之身，若為其身，為其友之親，若為其親」，「饑則食之，寒則衣之，疾病侍養之，死喪葬埋之」，甚至連攻擊兼愛的人，在一定程度上也言行相反，同主張兼愛的人一致。兼愛並非難於實行之事，關鍵在於君主是否喜歡和實行，只要君主能夠喜歡和實行，在天下實行兼愛是可以做到的。

原文

子墨子言曰：仁人之事者，必務求興天下之利①，除天下之害。然當今之時，天下之害，孰為大？曰：若大國之攻小國也，大家之亂小家也②，強之劫弱，眾之暴寡，詐之謀愚③，貴

之敖賤，此天下之害也。又與為人君者之不惠也^④，臣者之不忠也，父者之不慈也，子者之不孝也，此又天下之害也。又與今人之賤人，執其兵刃毒藥水火，以交相虧賊^⑤，此又天下之害也。

注釋

①務：努力，務必。
②亂：擾亂。
③謀：謀劃，算計。
④與：如。
⑤虧賊：殘害。

譯文

　　墨子說：仁人的事情，必須努力追求興辦天下的利益，消除天下的禍害。然而，當今之時天下的禍害，哪個是大的？回答道：如大國攻打小國，大家族攻打小家族，強大的掠奪弱小的，人多的欺凌人少的，奸詐的算計愚昧的，尊貴的輕視貧賤的，這是天下的禍害。又如做國君的人不惠愛，做臣子的不忠心，做父親的不慈愛，做兒子的不孝敬，這又是天下的禍害。又如現在的賤民，以兵刃毒藥水火，互相殘害，這又是天下的大禍害。

原文

　　姑嘗本原若眾害之所自生^①。此胡自生^②？此自愛人、利人生與？即必曰：「非然也。」必曰：「從惡人、賊人生。」分名乎天下^③，惡人而賊人者，兼與？別與^④？即必曰：「別也。」然即之交別者，果生天下之大害者與，是故別非也。子墨子曰：

非人者必有以易之，若非人而無以易之，譬之猶以水救火也，其說將必無可焉。是故子墨子曰：兼以易別。然即兼之可以易別之故何也？曰：藉為人之國⑤，若為其國，夫誰獨舉其國以攻人之國者哉？為彼者，由為己也。為人之都，若為其都，夫誰獨舉其都以伐人之都者哉？為彼猶為己也。為人之家，若為其家，夫誰獨舉其家以亂人之家者哉？為彼猶為己也。然即國都不相攻伐，人家不相亂賊⑥，此天下之害與？天下之利與？即必曰天下之利也。

注釋

①本原：從根本上追溯。
②胡：何，哪裡。
③分名：辨別名稱。
④別：指別相惡。
⑤藉：假如。
⑥亂賊：擾亂殘害。

譯文

　　姑且從根本上追究許多禍害產生的原因。這些禍害從哪裡產生的？難道是從愛別人、有利於別人產生的嗎？那麼必定說：「不是這樣的。」必定說：「從憎惡人、殘害人產生的。」分辨天下的名稱，憎惡和殘害別人的人，是兼相愛呢？還是別相惡呢？必然會說：「是別相惡啊。」那麼交相別果真是產生天下大害的原因，所以交相別是不對的。墨子說：非難別人必須有一種學說更換它，如果非難別人而沒有可以更換的學說，譬如用水救水，用火滅火，這種學說必然是不行的。所以墨子說：兼相愛的學說可以更換別的學說。然而兼相愛為什麼可以更換

別的呢？回答說：假如對待別人的國家，如同自己的國家，怎麼會用自己的國家攻打別人的國家呢？因為別人的國家如同自己的國家啊。對待別人的都邑，如同自己的都邑，誰會以自己的都邑攻打別人的都邑？因為別人的都邑如同自己的都邑啊。對待別人的家族，如同自己的家族，誰會以自己的家族擾亂別人的家族？因為別人的家族如同自己的家族啊！那麼國家之間不相攻打，家族之間不相擾亂殘害，這是天下的禍害呢？還是天下的利益呢？必然說是天下的利益。

原文

　　姑嘗本原若眾利之所自生。此胡自生①？此自惡人賊人生與？即必曰：「非然也。」必曰：「從愛人利人生。」分名乎天下②，愛人而利人者，別與？兼與？即必曰：「兼也。」然即之交兼者，果生天下之大利者與！是故子墨子曰：「兼是也。」且鄉吾本言曰③：仁人之事者，必務求興天下之利，除天下之害。今吾本原兼之所生，天下之大利者也；吾本原別之所生，天下之害者也。是故子墨子曰「別非而兼是」者，出乎若方也④。

注釋

　　①胡：何，哪裡。
　　②分名：區分名稱。
　　③鄉：同「向」，先前，前邊。
　　④若方：這種法則。

譯文

　　姑且從根本上追究許多利益所產生的原因。這些利益從

哪裡產生？這是從憎惡別人殘害別人產生的嗎？那麼必定說：「不是這樣的。」必定說：「從愛別人與利於別人產生的。」區分天下的名稱，愛別人和與利於別人的人，是別相惡呢？還是兼相愛呢？必定說：「兼相愛。」人們互相兼愛，果然能夠產生天下的大利。所以墨子說：「兼相愛是正確的。」況且先前我本來說：仁人的事業，必定務必追求與辦天下的利益，除去天下的禍害。現在我從本質上推究兼相愛所產生的是天下的大利，我從本質上推究別相惡所產生的是天下的大害。所以墨子說別相惡是不對的，兼相愛是對的，就出於這種原則。

原文

今吾將正求與天下之利而取之[1]，以兼為正[2]。是以聰耳明目相與視聽乎，是以股肱畢強相為動宰乎[3]，而有道肆相教誨[4]，是以老而無妻子者，有所侍養以終其壽；幼弱孤童之無父母者，有所放依以長其身[5]。今唯毋以兼為正，即若其利也。不識天下之士，所以皆聞兼而非者，其故何也？然而天下之士，非兼者之言猶未止也，曰：「即善矣，雖然，豈可用哉？」

注釋

①與：興辦。
②正：政事。正，通「政」。
③畢強：強悍有力。
④肆：肆力，努力。
⑤放依：依靠。

譯文

現在我將追求興辦天下的利益，以兼相愛治理天下。因此，耳目聰明的人都相互照料，身體強悍有力的都相互幫助，

具有道德學問的人都相互教誨，因此年老而沒有妻子兒女的，可以得到奉養而頤享天年；年幼弱小沒有父母的兒童，有所依靠而長大成人，現在唯有以兼相愛為政，可產生這些利益。不知道天下的士人，之所以聽到兼相愛而非難的原因是什麼呢？然而，天下的士人，非難兼愛的言語還沒有停止，說：「兼相愛是好的，即使這樣，豈可實施呢？」

▌原文

　　子墨子曰：用而不可，雖我亦將非之；且焉有善而不可用者①。姑嘗兩而進之②。誰以為二士，使其一士者執別，使其一士者執兼。是故別士之言曰：「吾豈能為吾友之身，若為吾身？為吾友之親，若為吾親？」是故退睹其友③，饑即不食，寒即不衣，疾病不侍養，死喪不葬埋。別士之言若此，行若此。兼士之言不然，行亦不然，曰：「吾聞為高士於天下者，必為其友之身，若為其身；為其友之親，若為其親。然後可以為高士於天下。」是故退睹其友，饑則食之，寒則衣之，疾病侍養之，死喪葬埋之。兼士之言若此，行若此。若之二士者，言相非而行相反與？當使若二士者④，言必信，行必果，使言行之合，猶合符節也，無言而不行也。然即敢問：今有平原之野於此，被甲嬰冑⑤，將往戰，死生之權，未可識也⑥；又有君大夫之遠使於巴、越、齊、荊，往來及否，未可識也。然即敢問：不識將惡也家室，奉承親戚、提挈妻子而寄託之，不識於兼之有是乎？於別之有是乎？我以為當其於此也，天下無愚夫愚婦⑦，雖非兼之人，必寄託之於兼之有是也。此言而非兼，擇即取兼，即此言行費也⑧。不識天下之士，所以皆聞兼而非之者，其故何也？

注釋

①焉：哪裡。

②進：通「盡」。

③退：退下來，返回去。

④當：通「嘗」。

⑤嬰冑：戴著頭盔。

⑥未可識：不可知道。

⑦無：無論。

⑧費：通「拂」，違背。

譯文

　　墨子說：如果不能運用，即使我也將非難它；況且哪裡會有好的學說而不能使用？姑且試著從兩方面進行推論。假如兩個士人，使其中一個人主張別，使其中一個人主張兼。所以主張別的人說：「我怎麼能認為我朋友的身體，如同是我的身體？認為我朋友的親人，如同我的親人？」因此退下來對待他的朋友，饑餓了不給他食物，寒冷了不給他衣服，生了疾病不侍養他，死亡了不埋葬他。主張別的人是這麼說的，也是這麼做的。主張兼的人卻不是這樣，行動也不是這樣。說：「我聽說在天下做高士的人，必然認為朋友的身體，如同自己的身體；認為朋友的親人，如同自己的親人。然後可以做天下的高士。」所以退下來對待他的朋友，饑餓了就供給食物，寒冷了就送給衣服，生了病就侍養他，死亡了就埋葬他。主張兼的人話是這麼說，行動也是這樣。如果這兩種士人言必信，行必果，使言行一致，猶如符節相合，只要說了就做到，那麼敢問：現在在平原曠野上，披著戰甲，戴著頭盔，將前去戰鬥，死生的結果不知道；又有君大夫將去遙遠的巴、越、齊、楚出使，能否安全回來也不知道。然而敢問：對於家室、奉養雙親、提攜妻子和

兒子這樣的事要寄託，不知寄託於主張兼的人對呢？還是寄託於主張別的人對呢？我認為在這個時刻，天下無論愚夫愚婦，即使不是主張兼的人，必定認為寄託給主張兼的人是對的。這種說話而非難兼，行動卻選擇兼，即所謂言行相違背。不知天下的士人，之所以聽到兼而非難是什麼原因呢？

▶原文

　　然而天下之士，非兼者之言，猶未止也，曰：「意可以擇士①，而不可以擇君乎？」姑嘗兩而進之。誰以為二君，使其一君者執兼，使其一君者執別。是故別君之言曰：「吾惡能為吾萬民之身，若為吾身？此泰非天下之情也②。人之生乎地上之無幾何也，譬之猶駟馳而過隙也③。」是故退睹其萬民④，饑即不食，寒即不衣，疾病不侍養，死喪不葬埋。別君之言若此，行若此。兼君之言不然，行亦不然，曰：「吾聞為明君於天下者⑤，必先萬民之身，後為其身，然後可以為明君於天下。」是故退睹其萬民，饑即食之，寒即衣之，疾病侍養之，死喪葬埋之。兼君之言若此，行若此。然即交若之二君者，言相非而行相反與？常使若二君者⑥，言必信，行必果，使言行之合，猶合符節也，無言而不行也。然即敢問：今歲有癘疫⑦，萬民多有勤苦凍餒，轉死溝壑中者，既已眾矣⑧。不識將擇之二君者，將何從也？我以為當其於此也，天下無愚夫愚婦，雖非兼者，必從兼君是也。言而非兼，擇即取兼，此言行拂也。不識天下所以皆聞兼而非之者，其故何也。

注釋

　　①意：抑或，或許。
　　②泰：通「太」。

③隙：縫隙。
④退：退下來。
⑤明君：聖明的君主。
⑥常：通「嘗」，嘗試，試著。
⑦癘疫：瘟疫。
⑧眾：多。

譯文

　　然而天下的士人，非難兼的話還未停止，說：「抑或可以選擇於士人，而不可以選擇於君主？」姑且從兩方面去推論。假設兩個君主，使其中一個主張兼的學說，使其中一個主張別的學說。所以主張別的君主說：「我怎麼能認為百姓的身體，如同我的身體？這太不符合天下的情理。人生於世上沒有多長時間，譬如馬車奔過縫隙。」所以退下來對待百姓，饑餓了不給食物，寒冷了不給衣服，生了病不侍養，死亡了不埋葬。主張別的君主說話這樣，行動也是這樣。主張兼的君主不這樣說話，行動也不是這樣，說：「我聽說做天下聖明的君主，必須先照顧百姓的身體，然後照顧自己的身體，然後可以做天下聖明的君主。」所以退下來對待百姓，饑餓了給食物，寒冷了給衣服，生了病侍養，死亡了埋葬。主張兼的君主說話這樣，行動也是這樣。然而這兩個君主，言語不同而行動也相反吧？嘗試著讓這兩個君主言必信，行必果，使他們言行一致，猶如符節相合，只要說了就做到。然而敢問：今年發生瘟疫，許多百姓都勤苦卻受凍受餓，被拋棄死在溝壑中，已經有許多了。不知道百姓將如何選擇這兩個君主？我認為在這個時候，天下無論愚夫愚婦，即使非難兼的人，必然認為選擇主張兼的君主是對的。言語非難兼，選擇卻是兼，這是言行不一啊。不知道天下所以都聽到兼而非難的人，是什麼原因呢？

▶原文

然而天下之士，非兼者之言也，猶未止也，曰：「兼即仁矣，義矣；雖然①，豈可為哉？吾譬兼之有可為也，猶挈泰山以超江、河也②。故兼者，直願之也，夫豈可為之物哉？」子墨子曰：「夫挈泰山以超江、河，自古之及今，生民而來，未嘗有也。今若夫兼相愛、交相利，此自先聖六王者親行之③。」何知先聖六王之親行之也？子墨子曰：「吾非與之並世同時，親聞其聲，見其色也，以其所書於竹帛、鏤於金石④、琢於盤盂、傳遺後世子孫者知之。」《泰誓》曰：「文王若日若月乍照，光於四方，於西土。」即此言文王之兼愛天下之博大也，譬之日月，兼照天下之無有私也⑤。即此文王兼也，雖子墨子之所謂兼者，於文王取法焉！

注釋

①雖然：即使這樣。
②猶挈：如同舉著。　超：越，渡。
③先聖六王：即堯、舜、禹、商湯、周文王、周武王。
④鏤：鏤刻，雕刻。
⑤私：偏私，私心。

譯文

然而天下的士人，非難兼的話，還沒有停止，說：「兼既然是仁愛的、正義的，即使這樣，怎麼能做到？我說兼不可做到，如同舉著泰山以越過長江、黃河。所以，兼只不過是一種心願，哪裡是可行的事呢？」墨子說：「舉著泰山越過長江、黃河，自古到今，產生人類以來不曾有這樣的事。現在所說的普遍相愛，互相興利，這是自先聖六王堯、舜、夏禹、商湯、

周文王、周武王親自實行的。」怎麼知道這是先聖六王親自實行的？墨子說：「我並非與他們生在同一個時代裡，親自聽到他們說話，看見他們相貌，因為從他們記載在竹帛，鏤刻在金石，雕刻在盤盂，傳留到後世子孫的言行知道的。」《泰誓》說：「周文王如同日月照耀，光芒達到四方，照到西方小國。」這是說周文王普遍相愛天下是如此博大，如同日月，普遍照亮天下沒有任何偏私。這就是所說的周文王普遍相愛，墨子所說的兼，就是取法於周文王。

▶原文

且不惟《誓命》與《湯說》為然①，《周詩》即亦猶是也。《周詩》曰：「王道蕩蕩，不偏不黨②；王道平平，不黨不偏。其直若矢，其易若砥③。君子之所履，小人之所視。」若吾言非語道之謂也，古者文、武為正均分④，貴賢罰暴，勿有親戚弟兄之所阿⑤。即此文、武兼也，雖子墨子之所謂兼者，於文、武取法焉。不識天下之人，所以皆聞兼而非之者，其故何也。

注釋

①不惟：不只，不僅。
②不黨：不偏私。
③砥：磨刀石。
④正：同「政」。
⑤阿：袒護，偏愛。

譯文

況且不僅是《誓命》和《湯說》是這樣，《周詩》也這樣說。《周詩》說：「王道浩浩蕩蕩，不偏不私；王道公平無比，

不偏不私。它端直如箭，平直如磨刀石。君子所實行，百姓所仰視。」這就是我所說的道理，古代周文王、周武王為政公平，崇尚賢能，懲罰殘暴，對待親戚兄弟不袒護。這即是周文王、周武王之所謂的兼，墨子所說的兼，是從周文王、周武王那裡借鑒效法的。不知道天下的人，所以聽到兼都非難它是什麼原因呢？

▶ 原文

然而天下之非兼者之言，猶未止。曰：「意不忠親之利①，而害為孝乎？」子墨子曰：「姑嘗本原之孝子之為親度者③。」吾不識孝子之為親度者，亦欲人愛、利其親與？意欲人之惡、賊其親與④？以說觀之，即欲人之愛、利其親也。然即吾惡先從事即得此？若我先從事乎愛利人之親，然後人報我愛利吾親乎⑤？意我先從事乎惡人之親，然後人報我以愛利吾親乎？即必吾先從事乎愛利人之親，然後人報我以愛利吾親也。然即之交孝子者，果不得已乎？毋先從事乎愛利人之親者與？意以天下之孝子為遇，而不足以為正乎？姑嘗本原之。先王之所書，《大雅》之所道，曰：「無言而不讎⑥，無德而不報。投我以桃，報之以李。」即此言愛人者必見愛也，而惡人者必見惡也。不識天下之士，所以皆聞兼而非之者，其故何也。

注釋

①意：抑或。　忠：通「中」，合乎。
②本原之：從根本上推究它。
③度：籌畫。
④賊：殘害。
⑤報：回報，報答。
⑥讎：應答，回答。

譯文

　　然而天下非難兼的言語還沒有停止。說：「抑或它不符合雙親的利益而對孝道有害吧！」墨子說：「姑且從根本上推究孝子為雙親籌畫事情。我不知孝子為雙親籌畫事情，也是希望人們關愛、有利他的雙親呢？抑或希望人們憎惡、殘害他的雙親？以常情來看，就是希望人們關愛、有利他的雙親。然而我先做什麼得到這種效果？如果我先關愛有利別人的雙親，然後別人回報關愛有利我的雙親呢？抑或我先憎惡殘害別人的雙親，然後別人回報我關愛有利我的雙親呢？即必定是我先關愛有利別人的雙親，然後別人回報我關愛有利我的雙親。然而這相互為孝子的事果然是不得已的嗎？先做關愛有利別人的雙親之事？抑或天下的孝子愚昧，而不足以這樣做呢？姑且從根本推究它。先王書上所寫，《大雅》說：「沒有什麼話我不應答，沒有什麼恩德我不回報。投我以桃，報之以李。」就是說愛別人的人必被別人所愛，而憎惡別人的人必被別人所憎惡。不知道天下的士人，之所以都聽到兼而非難它的原因是什麼呢？

原文

　　意以為難而不可為邪①？嘗有難此而可為者。昔荊靈王好小要②，當靈王之身③，荊國之士飯不逾乎一④，固據而後興⑤，扶垣而後行。故約食為其難為也，然後為，而靈王說之⑥，未逾於世，而民可移也，即求以鄉其上也。昔者越王勾踐好勇，教其士臣三年，以其知為未足以知之也，焚舟失火，鼓而進之⑦。其士偃前列，伏水火而死有不可勝數也。當此之時，不鼓而退也，越國之士，可謂顫矣。故焚身為其難為也，然後為之，越王說之，未逾於世，而民可移也⑧，即求以鄉上也。昔者晉文公好苴服。當文公之時，晉國之士，大布之衣，牂羊之裘，練帛之冠，且苴之屨，入見文公，出以踐之朝。故苴服為其難

為也，然後為，而文公說之，未逾於世，而民可移也，即求以鄉其上也。是故約食、焚舟、苴服，此天下之至難為也。然後為而上說之，未逾於世而民可移也，何故也？即求以鄉其上也。今若夫兼相愛、交相利，此其有利，且易為也，不可勝計也。我以為則無有上說之者而已矣。苟有上說之者，勸之以賞譽，威之以刑罰⑨，我以為人之於就兼相愛、交相利也，譬之猶火之就上⑩、水之就下也，不可防止於天下。

注釋

①難：艱難，困難。
②要：通「腰」。
③當靈王之身：當楚靈王在世時。
④逾：超過。
⑤據而後興：拄著拐杖而後站起來。
⑥說：通「悅」。
⑦鼓：擊鼓。
⑧移：改變。
⑨威：威脅。
⑩就：接近。

譯文

抑或認為這樣艱難而不可做嗎？曾經有比這更艱難而可以做到的事。從前楚靈王喜歡細腰，當楚靈王在世時，楚國的士人每天吃飯不超過一次，拄著拐杖而後才能站起來，扶著牆壁而後才能行走。所以減少食物是難以做到的，然後去做，因為楚靈王喜歡這樣，不超過一世，而可以改變民俗，這是百姓追求與君主一致。從前越王勾踐喜歡臣子勇猛，教練他的臣子三年，因為他的智力不足以瞭解他們，於是燒船縱火，擊鼓命令

臣子衝進，他的臣子前仆後繼，撲到水中和火中而死的不可勝計。在這時，越王不擊鼓退兵的話，越國的臣子可以說專心一意向前闖。所以引火焚身是難做的，然後臣子能做到，因為越王喜歡這樣，未超過一世，而可以改變民俗。這是百姓追求與君主一致。從前晉文公喜歡粗布衣服。在晉文公在世時，晉國的士人，穿著粗布衣服和羊皮衣服，戴著絹帛帽子，蹬著麻布鞋子，入宮晉見晉文公，出來在朝廷上行走。所以穿簡陋的衣服是難做到的，然後士人能做到，因為晉文公喜歡這樣，沒有超過一世，就可以改變民俗，這是百姓追求與君主一致。因此，減少食物，闖進失火的船上，穿粗布衣服，這是天下最難做的事情，然而只要做到君主就喜歡，不超過一世而民俗得到改變，什麼原因呢？因為百姓追求與君主一致。現在實行普遍相愛，互相興利，這樣多麼有利於天下，而且容易做到，簡直無法計算。我認為這是沒有君主喜歡它罷了。如果君主喜歡它，用獎賞榮譽來勸勉，用刑法懲罰來威脅，我認為人們追求普遍相愛，互相興利，就如同火向上燃燒，水向下流動一樣，將在天下形成不可扼制之勢。

▶原文

故兼者，聖王之道也，王公大人之所以安也，萬民衣食之所以足也[1]，故君子莫若審兼而務行之[2]。為人君必惠，為人臣必忠；為人父必慈，為人子必孝；為人兄必友，為人弟必悌[3]。故君子莫若欲為惠君、忠臣、慈父、孝子、友兄、悌弟，當若兼之不可不行也。此聖王之道，而萬民之大利也。

注釋

①足：豐足。

②務：務必，努力。

③悌：順從，恭敬兄長。

譯文

　　所以，兼是聖王治國之道，王公大人所以平安無事，百姓所以豐衣足食，就依靠它，所以君子不如審慎對待兼而努力實行它。做君主必定惠愛，做臣子的必定忠心，做父親的必定慈愛，做兒子的必定孝順，做兄長的必定友愛，做弟弟的必定恭敬順從。所以君子如果想做惠君、忠臣、慈父、孝子、友兄、悌弟，對待兼不可不執行。這是聖王之道，百姓的重大利益。

◎非攻上

題解

　　本篇以嚴密的論證，指出了小的不義和大的不義的區別，認為天下的君子只知道小的不義，對大的不義如攻打別人的國家，都反而讚揚有加，墨子認為這是混淆了義和不義的區別，尖銳地批評了士君子這種顛倒黑白是非的行為。

原文

　　今有一人，入人園圃，竊其桃李，眾聞則非之①，上為政者得則罰之。此何也？以虧人自利也②。至攘人犬豕雞豚者③，

其不義，又甚入人園圃竊桃李。是何故也？以虧人愈多，其不仁茲甚，罪益厚④。至入人欄廄，取人牛馬者，其不仁義，又甚攘人犬豕雞豚。此何故也？以虧人愈多。苟虧人愈多，其不仁茲甚，罪益厚。至殺不辜人也，拖其衣裘⑤、取戈劍者，其不義，又甚入人欄廄，取人牛馬。此何故也？以其虧人愈多。苟虧人愈多，其不仁茲甚矣，罪益厚。當此天下之君子皆知而非之，謂之不義。今至大為攻國，則弗知非，從而譽之⑥，謂之義。此可謂知義與不義之別乎⑦？

注釋

①非：責備。
②以：因為。
③至：至於。
④益：更。
⑤拖：奪，搶。
⑥譽：讚揚。
⑦別：區別，分別。

譯文

　　現在有一個人，進入別人的園圃，偷竊桃子、李子，眾人聽見了就責備他，在上為政的人知道了就要懲罰他。這是什麼原因呢？因為損人利己。至於偷盜別人的狗、豬、雞的人，他的不義，又比進入別人的園圃偷竊桃子、李子更厲害。這是什麼原因呢？因為損害別人更多，不仁義更厲害，罪過更大。至於進入別人的牲口圈，偷盜別人的牛馬的人，他的不仁義，又比偷盜別人的狗、豬、雞更厲害。這是什麼原因呢？因為他損害別人更多。如果損害別人越多，那麼他不仁義越厲害，罪

過越大。至於殺害無辜的人,搶奪他的衣服、戈劍的人,他的
不義,又比進入別人的牲口圈偷盜牛馬更厲害。這是什麼原因
呢?因為他損害別人更多。如果損害別人越多,他的不仁義就
越厲害,罪過更大!對這些天下的君子都知道而責備它,說這
不仁義。現在最大的不仁義是攻打別人的國家,卻不知道責備
它,卻從而讚揚,說這叫做仁義。這可以說知道仁義和不仁義
的區別嗎?

▶原文

　　殺一人,謂之不義,必有一死罪矣。若以此說往①,殺十
人,十重不義②,必有十死罪矣;殺百人,百重不義,必有百
死罪矣。當此天下之君子皆知而非之③,謂之不義。今至大為
不義攻國,則弗知非,從而譽之,謂之義。情不知其不義也④,
故書其言以遺後世;若知其不義也,夫奚說書其不義以遺後世
哉?今有人於此,少見黑曰黑,多見黑曰白,則以此人不知白
黑之辯矣⑤;少嘗苦曰苦,多嘗苦曰甘,則必以此人為不知甘
苦之辯矣。今小為非,則知而非之;大為非攻國,則不知非,
從而譽之,謂之義。此可謂知義與不義之辯乎?是以知天下之
君子也,辯義與不義之亂也。

（注釋）

　　①往:判斷,推理。
　　②重:倍。
　　③當此:對此。
　　④情:通「誠」,確實。
　　⑤以:認為。　辯:辨別,分別。

殺害一人，叫做不義，必定有一條死罪。如果以此推理，殺害十人，就是十倍的不義，必定有十個死罪了；殺害百人，就是百倍的不義，必定有百個死罪了。對於這些，天下的君子都知道而責備它，叫做不義。現在最大的不義是攻打別人的國家，卻不知道責備它，從而讚揚它，叫做仁義。也許是確實不知道它的不義，所以將他們的言語寫成書流傳到後世；如果知道它不義，怎麼能把不義的事寫到書上而流傳後世呢！現在有人在這裡，少見到黑說是黑，多見到黑叫白，則認為這個人不知白和黑的分辨；少吃苦叫苦，多吃苦叫甜，那麼必定認為這人不知甜和苦的分辨。現在做小壞事，則知道並且責備它；大到攻打別國，卻不知道責備它，從而讚揚它，說這叫做義。這能說知道義和不義的分別嗎！因此知道天下的君子，辨別義和不義的標準是混亂的。

◎非攻中

題解

本篇詳細闡述了國家發動戰爭所造成的嚴重後果，延誤農時必然使無數人因饑寒凍餒而死，行軍打仗必然使武器、戰車、牛馬和將士損失慘重，所造成的損失不可勝數。即使有極少數國家由於攻戰僥倖獲得利益，但並不適合於天下所有國家，不能把攻戰作為天下的良方。墨子認為君子要以人為鏡，以史為

鑒，對於攻戰這種行為不可不反對。

原文

　　子墨子言曰：古者王公大人為政於國家者①，情欲譽之審②，賞罰之當，刑政之不過失。是故子墨子曰：古者有語：謀而不得，則以往知來，以見知隱③。謀若此可得而知矣。今師徒唯毋興起④，冬行恐寒⑤，夏行恐暑，此不以冬夏為者也。春則廢民耕稼樹藝⑥，秋則廢民穫斂。今唯毋廢一時，則百姓饑寒凍餒而死者，不可勝數。今嘗計軍上⑦：竹箭、羽旄、幄幕、甲盾、撥劫，往而靡弊腑冷不反者⑧，不可勝數。又與矛、戟、戈、劍、乘車，其列住焠折靡弊而不反者⑨，不可勝數。與其牛馬，肥而往，瘠而反，往死亡而不反者，不可勝數。與其塗道之修遠⑩，糧食輟絕而不繼⑪，百姓死者，不可勝數也。與其居處之不安，食飯之不時，饑飽之不節⑫，百姓之道疾病而死者，不可勝數。喪師多不可勝數，喪師盡不可勝計，則是鬼神之喪其主後，亦不可勝數。

注釋

①古者：當為「今者」。
②審：謹慎，慎重。
③見：通「現」。
④師徒：軍隊。
⑤恐：恐怕，害怕。
⑥廢：荒廢，延誤。
⑦嘗：嘗試，試著。
⑧靡弊：損壞。　腑冷：腐冷，腐爛，變壞。　反：通「返」。
⑨住：當為「往」。
⑩修遠：長遠，遙遠。

⑪輟絕：中斷。

⑫節：調節。

譯文

墨子說：現在的王公大人治理國家，確實想責備和讚揚謹慎，獎賞和懲罰得當，刑法政務沒有過失。所以墨子說：古代有句話：謀劃不成功，就用過去的事情推知未來，以明顯的事情推知隱蔽的事情。如此謀劃就可以達到預想結果了。現在軍隊出征，冬天害怕寒冷，夏天害怕炎熱，這是說軍隊不可以在冬天夏天出征。春天就荒廢了百姓的耕作種植，秋天就荒廢了百姓的收穫。現在荒廢了一個季節，那麼百姓因為饑寒凍死餓死的人將不可計算。現在嘗試計算一下軍隊的狀況：竹箭、羽旄、帳幕、戰甲、大小盾牌、馬鈴，因為出征而損壞腐爛而不能返回的不可計算。又如矛、戟、戈、劍、戰車，因為出征折斷損壞而不能返回的不可計算。又如牛馬肥壯而去，瘦弱而返，因為死亡而不能返回的不可計算。又如因為道路遙遠，糧食運送斷絕而不能相繼，百姓死亡的又不可計算。加上生活不安定，吃飯不按時，饑飽不調節，百姓在路上因為生病而死亡的不可計算。死亡的士兵不可計算，喪失的軍隊不可計算，那麼鬼神喪失後代祭祀的也不可計算。

原文

國家發政，奪民之用①，廢民之利，若此甚眾。然而何為為之？曰：「我貪伐勝之名②及得之利，故為之。」子墨子言曰：計其所自勝，無所可用也；計其所得，反不如所喪者之多。今攻三里之城、七里之郭，攻此不用銳③，且無殺，而徒得此然也④？殺人多必數於萬，寡必數於千，然後三里之城、七里之

郭且可得也。今萬乘之國,虛數於千,不勝而入⑤;廣衍數於萬,不勝而辟⑥。然則土地者,所有餘也;王民者,所不足也。今盡王民之死⑦,嚴下上之患⑧,以爭虛城,則是棄所不足,而重所有餘也。為政若此,非國之務者也!

注釋

①奪民:掠奪百姓。

②貪:貪圖。

③銳:兵器。

④徒:徒然,白白。

⑤入:納入,進入。

⑥辟:開闢,擁有。

⑦王民:當為「士民」。

⑧嚴:加重。

譯文

　　國家發佈政令,掠奪百姓的物品,荒廢百姓的利益,像這樣的事情很多。然而為什麼要做呢?說:「我貪圖征伐取得勝利的名聲和所得到的利益,所以要去做。」墨子說:計算他所自以為的勝利,毫無可用之處;計算他所得到的,反而不如喪失的多。現在攻打三里方圓的城、七里方圓的郭,攻打它們不用武器,並且不進行拼殺,而能夠白白得到嗎?殺人多的必然達到萬數,少的必達到千數,然後三里方圓的城、七里方圓的郭才可以得到。現在萬輛兵車的大國,千數多的城邑,不可能完全納入,萬數廣大的土地,不可能完全開闢。然而土地是有餘的,士兵百姓卻不足。現在使全部士兵百姓去拼力死戰,加重了上下的禍患,以爭奪城邑,卻是拋棄所不足的,而加重有餘的。如此為政,不是治國的事務!

原文

飾攻戰者言曰①：「南則荊、吳之王，北則齊、晉之君，始封於天下之時，其土城之方②，未至有數百里也；人徒之眾③，未至有數十萬人也。以攻戰之故，土地之博，至有數千里也；人徒之眾，至有數百萬人。故當攻戰而不可為也。」子墨子言曰：雖四五國則得利焉，猶謂之非行道也。譬若醫之藥人之有病者然④，今有醫於此，和合其祝藥之於天下之有病者而藥之⑤。萬人食此，若醫四五人得利焉，猶謂之非行藥也。故孝子不以食其親⑥，忠臣不以食其君。古者封國於天下，尚者以耳之所聞⑦，近者以目之所見，以攻戰亡者，不可勝數。何以知其然也？東方有莒之國者，其為國甚小，間於大國之間，不敬事於大⑧，大國亦弗之從而愛利，是以東者越人夾削其壤地，西者齊人兼而有之⑨。計莒之所以亡於齊、越之間者，以是攻戰也。雖南者陳、蔡，其所以亡於吳、越之間者，亦以攻戰。雖北者且、不著何⑩，其所以亡於燕代、胡貊之間者，亦以攻戰也。是故子墨子言曰：古者王公大人，情欲得而惡失，欲安而惡危，故當攻戰，而不可不非。

注釋

①飾：粉飾。

②方：通「旁」，廣。

③人徒：百姓。

④譬若：譬如。

⑤和合：拌合，製造。

⑥食：餵食。

⑦尚：遠。

⑧事：侍奉。

⑨兼：兼併，合併。

⑩且、不著何：均為國名。

譯文

粉飾攻戰的人說：「南方的楚國、吳國之王，北方的齊國、晉國之君主，剛被封於天下時，他們的國土的大小沒有幾百里，百姓沒有幾十萬。因為他們不斷攻戰的原因，土地大到有幾千里，百姓之眾達到幾百萬人。所以對於攻戰是不能反對的。」墨子說：即使四五個國家在攻戰中得利，仍然說這不是行使正道。譬如醫生給有病的人看病，現在有個醫生在這裡，配成藥劑，對於天下有病的人進行治療。上萬人吃這種藥，如果只是醫治四五個人得到效果，仍然說這不是好藥。所以孝子不用這種藥給雙親吃，忠臣不用這種藥給君主吃。古代在天下封國，遙遠的用耳朵去聽，近的用眼睛來看，因為攻戰而亡國的不可勝數。怎麼知道是這樣呢？東方有個莒國，它面積很小，夾在大國中間，不恭敬地侍奉大國，大國也不愛它利它，因此東邊的越國削奪它的土地，西邊的齊國兼併而佔有了它。分析莒國之所以滅亡於齊國、越國的原因，在於攻戰。即使南方的陳國、蔡國，它們所以滅亡於吳國、越國之間的原因，也在於攻戰。即使北方的且國、不著何國，它們所以滅亡於燕國、代國、胡國、貊國之間的原因，也在於攻戰。所以墨子說：現在的王公士人，確實想要得到而厭惡失去，想要安定而厭惡危險，所以對於攻戰的現象，不可不責備。

原文

是故子墨子言曰：古者有語曰：「君子不鏡於水，而鏡於人。鏡於水，見面之容；鏡於人，則知吉與凶。」今以攻戰為利，則蓋嘗鑒之於智伯之事乎①？此其為不吉而凶，既可得而知矣

②。

注釋

①鑒：借鑒。
②既：已經。

譯文

所以墨子說：古代有句話：「君子不以水為鏡，而是以人為鏡。以水為鏡，可以看到面容；以人為鏡，可以知道吉凶。」現在認為攻戰有利，何不試著以智伯因攻戰而滅亡的事為鑒呢？這樣做不吉利的事而陷入兇險，已經可以知道了。

◎非攻下

題解

本篇以嚴密的邏輯，大量的事實，反駁了喜歡攻戰的國君的種種歪理邪說。興兵出師，侵入別國領土，刈割莊稼，奪殺牲畜，殘殺百姓，掠奪土地，損不足而增有餘，上不利於天，中不利於鬼神，下不利於國家百姓。至於喜歡攻伐的國君以攻伐戰爭做為立名天下，以德行結交諸侯的方法，這是不能自圓其說的，如果真的想立名天下，以德行結交諸侯，就應當反對

攻伐之說，援助諸侯，制止戰爭，幫助別國，這才是天下的「要務」，是國君和王公大人所應當明察的。

原文

　　子墨子言曰：今天下之所譽善者[1]，其說將何哉？為其上中天之利[2]，而中中鬼之利，而下中人之利，故譽之與？意亡非為其上中天之利[3]，而中中鬼之利，而下中人之利，故譽之與？雖使下愚之人，必曰：「將為其上中天之利，而中中鬼之利，而下中人之利，故譽之。」今天下之所同義者，聖王之法也。今天下之諸侯，將猶多皆免攻伐併兼[4]，則是有譽義之名，而不察其實也[5]。此譬猶盲者之與人，同命白黑之名，而不能分其物也，則豈謂有別哉！是故古之知者之為天下度也[6]，必順慮其義而後為之[7]。行是以動，則不疑速通，成得其所欲，而順天、鬼、百姓之利，則知者之道也。是故古之仁人有天下者，必反大國之說[8]，一天下之和，總四海之內，焉率天下之百姓以農[9]，臣事上帝、山川、鬼神。利人多，功故又大，是以天賞之，鬼富之，人譽之，使貴為天子，富有天下，名參乎天地[10]，至今不廢。此則知者之道也，先王之所以有天下者也。

注釋

　　①譽：讚揚。　善：字應作「義」。
　　②中：符合，合乎。
　　③意亡：還是。
　　④免：同「勉」，盡力。
　　⑤察：觀察，明察。
　　⑥度：思考，考慮。
　　⑦順：慎重。

⑧大國：擴大國土。　説：説教。
⑨焉：於是。
⑩參：立。

譯文

墨子說：現在天下所讚揚的義，它的學說是什麼呢？它上合乎天的利益，中合乎鬼神的利益，下合乎人的利益，所以才讚揚它呢？還是上不合乎天的利益，中不合乎鬼神的利益，下不合乎人的利益，所以讚揚它呢？即使最愚昧的人，必定說：「因為它上合乎天的利益，中合乎鬼神的利益，下合乎人的利益，所以讚揚它。」現在天下所認同的道義是聖王之法。現在天下的諸侯大概大多數都盡力攻伐兼併，則是有讚揚道義的名聲，而不考察它的實質。這好比盲人與正常人，同時叫出黑白的名稱，而不能分別事物，這豈能說辨別呢？所以古代的智者為天下思考，必定慎重考慮道義而後去做。依據道義而行動，則沒有滯礙，確實得到自己的希望，而合乎天、鬼神、百姓的利益，這是智者之道。所以古代擁有天下的仁人，必然反對擴大國土的攻戰之說，使天下統一和諧，匯總於四海之內，於是率領天下的百姓從事農業，侍奉上帝、山川、鬼神。帶給人們許多利益，功勞又大，因此天賞賜他，鬼神使他富裕，人們讚揚他，使他貴為天子，富有天下，名揚天下，至今傳頌不已。這是智者之道，也是先王之所以擁有天下的原因。

原文

今王公大人、天下之諸侯則不然，將必皆差論其爪牙之士①，皆列其舟車之卒伍，於此為堅甲利兵，以往攻伐無罪之國，入其國家邊境，芟刈其禾稼②，斬其樹木，墮其城郭③，以湮其

⑧大國：擴大國土。　説：説教。
⑨焉：於是。
⑩參：立。

溝池，攘殺其牲牷④，燔潰其祖廟⑤，勁殺其萬民，覆其老弱，遷其重器，卒進而柱乎鬥，曰：「死命為上，多殺次之，身傷者為下；又況失列北橈乎哉⑥？罪死無赦？」以譚談其眾。夫無兼國覆軍，賊虐萬民⑦，以亂聖人之緒，意將以為利天乎？夫取天之人，以攻天之邑，此刺殺天民，剝振神之位⑧，傾覆社稷，攘殺其犧牲，則此上不中天之利矣。意將以為利鬼乎？夫殺之人，滅鬼神之主，廢滅先王，賊虐萬民，百姓離散，則此中不中鬼之利矣。意將以為利人乎？夫殺之人為利人也博矣！又計其費⑨，此為周生之本，竭天下百姓之財用，不可勝數也，則此下不中人之利矣。

注釋

①差論：挑選，選擇。
②芟刈（ㄕㄢ ㄧˋ）：割掉。
③墮：毀滅。
④牲牷：牲口。
⑤燔：燒。
⑥北橈：敗逃。
⑦賊：殘害。
⑧剝振：毀壞。
⑨費：費用。

譯文

　　現在的王公大人、天下諸侯卻不是這樣。必定挑選他們的兇悍的士兵，排列戰船和戰車的隊伍，製造堅固的盔甲和銳利的兵器，以去攻打無罪的國家，侵入別國的邊境，割掉它們的莊稼，砍伐樹木，摧毀城郭，填塞溝池，掠奪屠殺牲口，燒毀

祖廟，殘殺百姓，覆滅老弱之人，運走國家之寶，急忙攻擊和戰鬥，說：「拼命而死的為上，多殺人的次之，身體受傷的為下，又何況掉隊和敗退的呢？罪死不赦！」以此來恐嚇部隊。無非是為了兼併別國，覆滅軍隊，殘害虐待百姓，以擾亂聖人的事業，還認為有利於天嗎？利用天的人，攻天的城邑，刺殺天的百姓，毀壞神位，傾覆社稷，掠奪屠殺祭祀的牲畜，這是上不合乎天的利益。還是認為這有利於鬼神嗎？殺害天的人，毀滅鬼神的祭主，廢滅先王的業績，殘害萬民，百姓流離失所，這是中不合乎鬼神的利益。還是認為有利於人嗎？殺害天的人以有利於人是荒謬的！又計算攻戰的費用，這是保全生命的根本，竭盡天下百姓的財物用度，不可計算，這是下不合乎人的利益。

原文

今夫師者之相為不利者也①，曰將不勇，士不分②，兵不利，教不習，師不眾③，率不利和，威不圉④，害之不久，爭之不疾，孫之不強，植心不堅，與國諸侯疑⑤。與國諸侯疑，則敵生慮而意贏矣。偏具此物⑥，而致從事焉，則是國家失卒，而百姓易務也。今不嘗觀其說好攻伐之國？若使中興師，君子庶人也必且數千，徒倍十萬，然後足以師而動矣。久者數歲，速者數月。是上不暇聽治⑦，士不暇治其官府，農夫不暇稼穡，婦人不暇紡績織紝。則是國家失卒，而百姓易務也。然而又與其車馬之罷弊也⑧，幔幕帷蓋，三軍之用，甲兵之備，五分而得其一，則猶為序疏矣。然而又與其散亡道路，道路遼遠⑨，糧食不繼，傺食飲之時⑩，廁役以此饑寒凍餒疾病而轉死溝壑中者⑪，不可勝計也。此其為不利於人也，天下之害厚矣，而王公大人樂而行之，則此樂賊滅天下之萬民也，豈不悖哉！今天下好戰之國，齊、晉、楚、越，若使此四國者得意於天下，

此皆十倍其國之眾，而未能食其地也，是人不足而地有餘也。
今又以爭地之故，而反相賊也，然則是虧不足而重有餘也⑫。

注釋

①師者：軍隊。
②分：奮勇。
③眾：多。
④圉（ㄩˇ）：抵禦。
⑤與國：友好國家。
⑥偏：通「遍」。
⑦不暇：沒有時間。
⑧罷：通「疲」。
⑨遼遠：遙遠。
⑩之：當為「不」。
⑪厠役：雜役。
⑫虧：損害。　重：增加。

譯文

　　現在對於軍隊不利的是，將領不勇敢，士兵不奮勇，武器不鋒利，訓練不切實，人數不眾多，士兵不和，面對威難不能抵禦，不能長久阻止敵人，抗爭不迅疾，約束不強勁，信心不堅固，友好的國家諸侯產生疑心。友好的國家諸侯產生疑心，那麼會產生敵意而意志削弱。普遍具備了這些因素，卻要極力攻戰，那麼會使國家損失兵卒，百姓失業。現在何不試著觀察喜歡攻伐的國家？如果中等規模興兵打仗，君子和庶人必定數千人，士兵十萬人，然後才足以興兵行動。時間長則幾年，快則幾月。於是君上沒有時間為政，士人沒有時間治理官府，農

夫沒有時間耕作，婦女沒有時間紡織，於是國家失去士兵，百姓失業。然而加上車馬疲憊損壞，幔幕帷蓋，軍隊的用度，兵器的準備，只剩下五分之一，這還是初步的計算。然而又加上散失在道路上，路途遙遠，糧食不接濟，飲食不按時，雜役因此饑寒凍餓，產生疾病，輾轉死於溝壑之中的不可計算。這不利於人，是天下的大禍害，而王公大人卻喜歡去做，這是喜歡殘害天下百姓，豈不相悖呢？現在天下喜歡攻戰的國家是齊國、晉國、楚國、越國，如果使這四個國家得志於天下，即使有十倍於其國的百姓，也不能使用天下的土地，這是人不足而土地有餘。現在又因為爭奪土地的原因，反而互相殘害，這是損害不足的，增加有餘的。

原文

　　則夫好攻伐之君又飾其說[1]，以非子墨子曰：「子以攻伐為不義，非利物與？昔者楚熊麗，始討此睢山之間[2]，越王繄（一）虧，出自有遽，始邦於越[3]；唐叔與呂尚邦齊、晉。此皆地方數百里，今以並國之故，四分天下而有之。是故何也？」子墨子曰：「子未察吾言之類，未明其故者也。古者天子之始封諸侯也，萬有餘；今以併國之故，萬國有餘皆滅，而四國獨立。此譬猶醫之藥萬有餘人，而四人愈也[4]，則不可謂良醫矣。」

注釋

①飾：粉飾。
②討：當為「封」。
③邦：建立國家。
④愈：痊癒。

譯文

　　喜歡攻伐的國君粉飾他們的學說，而責備墨子說：「你認為攻伐不道義，不利於天下嗎？從前楚熊麗起初封於睢山之間，越王無餘出自於有遽，開始在越地建立國家。唐叔和呂尚在齊、晉兩地建立國家。這些國家土地方圓幾百里，現在因為兼併國家的原因，將天下分為四份而擁有。這是什麼原因呢？」墨子說：「你沒有考察我說話的類別，不明白其中的原因。古代天子起初封諸侯時有一萬餘個，現在因為兼併國家的原因，一萬餘個國家都滅亡了，而只有這四個國家獨立存在。這猶如醫生的藥劑用於一萬餘人，而只有四個人痊癒。那麼這不能說是好醫生。」

原文

　　則夫好攻伐之君又飾其說，曰：「我非以金玉、子女、壤地為不足也①，我欲以義名立於天下，以德求諸侯也。」子墨子曰：今若有能以義名立於天下，以德求諸侯者，天下之服，可立而待也②。夫天下處攻伐久矣，譬若傅子之為馬然③。今若有能信效先利天下諸侯者④，大國之不義也，則同憂之；大國之攻小國也，則同救之。小國城郭之不全也，必使修之；布粟之絕則委之，幣帛不足則共之⑤。以此效大國，則大國之君說⑥。人勞我逸，則我甲兵強。寬以惠，緩易急，民必移；易攻伐以治我國，攻必倍。量我師舉之費⑦，以爭諸侯之斃，則必可得而序利焉。督以正⑧，義其名，必務寬吾眾，信吾師，以此授諸侯之師，則天下無敵矣，其為下不可勝數也。此天下之利，而王公大人不知而用，則此可謂不知利天下之巨務矣⑨。是故子墨子曰：今且天下之王公大人士君子，中情將欲求興天下之利，除天下之害，當若繁為攻伐，此實天下之巨害也。今欲為仁義，求為上士，尚欲中聖王之道⑩，下欲中國家百姓之利，

故當若「非攻」之為說，而將不可不察者此也！

（注釋）

①地：土地。

②立：迅速。

③傅子：孺子。

④信效：效，通「交」，以信義交往。

⑤共：通「供」，供應。

⑥説：通「悅」。

⑦師舉：出師。

⑧督：督率。

⑨巨務：大的事務。

⑩尚：通「上」。　中：合乎。

譯文

　　喜歡攻伐的君主又粉飾他的學說道：「我不是認為金玉、百姓、土地不足，我想在天下立下道義的名聲，以德行求之於諸侯。」墨子說：現在如果有能夠在天下立下道義的名聲，以德行求之於諸侯的人，天下諸侯的歸服可立刻得到。天下處於攻伐的時間很久了，好像孺子做馬一樣。現在如果有能夠以信義交好並有利於天下諸侯的人，大國攻伐的不義之事，則同時憂患；大國攻打小國，則同時援救。小國的城郭不完備，必定使人修築，布匹糧食斷絕就送給它，財物不足夠就供應它。用這種方式結交大國，那大國的國君喜歡。別人疲勞我安逸，那麼我的隊伍強大。對待百姓寬厚惠愛，以和緩改變急迫，百姓必定聽命。將攻伐戰爭改為治理國家，功績必加倍。計算我軍興兵的費用，以用於安撫疲憊的諸侯，那麼必然可以得到豐厚

的利益。以正義督率，以仁義立名，必須盡力寬待我的民眾，取信於我的軍隊，以這種方式援助諸侯的軍隊，那麼將天下無敵，為利天下的好處數不勝數。這是天下的利益，而王公大人不知道利用，這可以說不知道有利於天下的大事。所以墨子說：現在天下的王公大人士君子，內心確實想追求天下的利益，除去天下的禍害，如果還是頻繁地發動戰爭，這實在是天下的大害。現在想追求仁義，想做高尚的士人，上想合乎聖王之道，下想合乎國家百姓的利益，所以對反對攻伐的學說，而不可不明察。

◎節用上

題解

　　本篇認為聖王治國，使用民財，無不從實用方面去考慮，反對鋪張浪費，浪費民財。一味地追求攻伐、珠玉、鳥獸、犬馬和奢侈，會增加人民的負擔，使人民受凍受餓而死，減少國家的人口。聖王是決不會這麼做的。《節用》原有上中下三篇，下篇缺佚。

原文

　　聖人為政一國，一國可倍也[①]；大之為政天下[②]，天下可倍也。其倍之，非外取地也，因其國家去其無用之費，足以倍之。聖王為政，其發令、興事、使民、用財也，無不加用而為者。

是故用財不費，民德不勞③，其興利多矣！

注釋

①倍：加倍。
②大：擴大。
③德：通「得」。

譯文

聖人治理一個國家，一個國家財力可以加倍；擴大到治理天下，天下可以加倍。他財力加倍的原因不是向外掠奪土地，因為他的國家去掉無用的費用，足以加倍財力。聖人為政，他發佈政令，興辦事業，驅使百姓，使用財力，無不有利於用度而去做。所以使用財物不浪費，百姓不勞苦，興利的事是很多了。

原文

其為衣裘何以為？冬以圉寒①，夏以圉暑。凡為衣裳之道，冬加溫、夏加清者②，芊。；不加者，去之。其為宮室何以為？冬以圉風寒，夏以圉暑雨。有盜賊加固者，鮮且不加者，去之。其為甲盾五兵何以為③？以圉寇亂盜賊。若有寇亂盜賊，有甲盾五兵者勝，無者不勝，是故聖人作為甲盾五兵。凡為甲盾五兵，加輕以利、堅而難折者，鮮且不加者，去之。其為舟車何以為？車以行陵陸，舟以行川穀，以通四方之利④。凡為舟車之道，加輕以利者，芊X；不加者，去之。凡其為此物也，無不加用而為者。是故用財不費⑤，民德不勞，其興利多矣。有去大人之好聚珠玉⑥、鳥獸、犬馬，以益衣裳、宮室、甲盾、五兵、舟車之數，於數倍乎，若則不難。

注釋

①圉（凵ˇ）：抵禦。
②清：涼爽。
③五兵：泛指兵器。
④通：通達。
⑤費：浪費。
⑥有去：又去掉。

譯文

　　他們做衣服為了什麼？冬天用以禦寒，夏天用以避暑。凡是做衣服的道理，都是冬天用來保暖，夏天為了涼快，不能達到這種功用就捨棄掉。他們建築宮室為了什麼？冬天用以抵擋風和寒冷，夏天用以躲避炎熱和雨。出現盜賊要加固宮室，沒有盜賊則不用加固。他們製造盔甲盾牌和兵器為了什麼？用以抵禦敵寇和盜賊。如果有敵寇盜賊，具有盔甲盾牌和各種兵器就能勝利，沒有就不能勝利，所以聖人製造盔甲盾牌和各種兵器。凡是製造盔甲盾牌各種兵器，有利於輕便銳利、堅固難摧折的保留，不利於這方面的就去掉。他們製造車船為了什麼？車是為了在陸路和山路行走，船是為了在河流溪谷中通行，以溝通四方的財利。凡是製造車船的道理，有利於輕快便利的就保留，不利於輕快便利的就去掉。凡是製造這些東西，無不是為了功用而做。所以使用財物不浪費，百姓不勞苦，產生的利益很多。除去王公大人喜歡聚集珠玉、鳥獸、犬馬的費用，用以增加衣服、宮室、甲盾、五兵、舟車的數量，增加幾倍是不難的。

▌原文

故孰為難倍？唯人為難倍①；然人有可倍也，昔者聖王為法，曰：「丈夫年二十，毋敢不處家②；女子年十五，毋敢不事人③。」此聖王之法也。聖王既沒，於民次也，其欲蚤處家者④，有所二十年處家；其欲晚處家者，有所四十年處家。以其蚤與其晚相踐，後聖王之法十年。若純三年而字⑤，子生可以二三年矣。此不為使民蚤處家，而可以倍與？且不然已！今天下為政者，其所以寡人之道多⑥。其使民勞，其籍斂厚⑦，民財不足，凍餓死者，不可勝數也。且大人惟毋興師，以攻伐鄰國，久者終年，速者數月，男女久不相見，此所以寡人之道也。與居處不安，飲食不時，作疾病死者，有與侵就伏橐⑧（ㄊㄨㄛˊ），攻城野戰死者，不可勝數。此不令為政者所以寡人之道、數術而起與？聖人為政特無此⑨。聖人為政，其所以眾人之道，亦數術而起與？

注釋

①唯：唯有，只有。
②處家：成家。
③事人：嫁人。
④蚤：通「早」。
⑤字：生兒育女。
⑥寡人：減少人口。
⑦籍斂：稅收。
⑧有與：又加上。　橐（ㄊㄨㄛˊ）：用袋子裝藏
⑨特：只，獨。

譯文

　　什麼難以加倍？只有人難以加倍，然而人口是可以加倍的。從前聖王制定法令，說：「男子年紀二十歲，不敢不結婚成家；女子年紀十五歲，不敢不嫁人。」這是聖王制定的法令。聖王去世之後，老百姓恣意而為，他們想早成家的，有的二十歲成家；他們想晚成家的，有的四十歲成家。把早的和晚的相減，和聖王制定法律相差十年。如果都是結婚三年後養兒育女，兩三年就生一個孩子。這不是讓百姓早成家，而可以加倍人口的方法嗎？現在治理天下的人，之所以使人口減少的原因是多方面的。他們使百姓勞苦，稅收增加，百姓財物不富足，受凍受餓而死的人不可計算。況且王公大人只知興兵打仗，攻伐鄰國，時間久的達一年，快的幾個月，男女久不相見，這是所謂減少人口的方法。又如居住不安定，飲食不按時間，因患疾病而死亡，又加上侵略掠奪攻城作戰而死的人不可計算。這不是當今為政的人用來減少人口的方法多種多樣造成的嗎？聖人治理國家獨獨不會這樣。聖人為政，之所以增加人口的方法，也是運用多種方法取得的。

原文

　　故子墨子言曰：去無用之費[①]，聖王之道，天下之大利也。

注釋

　　①去：去掉，減去。

譯文

　　所以墨子說：去掉無用的費用，實行聖王之道，這是天下

的大利益。

◎節用中

題解

　　本篇認為古代賢明的君王聖人之所以稱王天下的原因，在於愛民利民。聖王制定節用方法，凡是不利於百姓的各種費用都不予以採用。因此，無論天下百工做事，還是飲食之法、衣服之法、車船兵器之法、節葬之法、宮室之法，都本著節儉的目的，凡是不利於百姓和加重百姓負擔的行為，聖王都是拒絕去做的。

▶原文

　　子墨子言曰：古者明王聖人所以王天下[1]，正諸侯者[2]，彼其愛民謹忠，利民謹厚，忠信相連，又示之以利，是以終身不厭[3]，歿世而不卷。古者明王聖人其所以王天下、正諸侯者，此也。是故古者聖王制為節用之法，曰：「凡天下群百工，輪車鞼匏[4]，陶冶梓匠，使各從事其所能。曰：凡足以奉給民用，則止。」諸加費不加於民利者[5]，聖王弗為。

注釋

　　①王：稱王。
　　②正：同「長」。
　　③厭：滿足。

④輪車鞼匏(ㄩㄣˋ ㄆㄠˊ)：製造車和皮革。

⑤加：增加。

譯文

　　墨子說：古代賢明的君王聖人之所以稱王天下，做諸侯之長的原因，是他們愛民淳謹忠心，利民淳謹深厚，忠信相連，又帶給他們利益，因此終身不滿足，一生不倦怠。古代賢明的君主聖人之所以稱王天下，做諸侯之長的原因就在於此。所以古代聖王制定節用的法令，說：「凡是天下各種工人，製造車和皮革，製作陶器和器具的匠人，每個人從事力所能及的工作。又說：凡是足以供給百姓所用就行了。」各種增加費用卻不增加百姓的利益的，聖王不去做。

▶原文

　　古者聖王制為飲食之法，曰：「足以充虛繼氣，強股肱，耳目聰明，則止。不極五味之調、芬香之和①，不致遠國珍怪異物②。」何以知其然？古者堯治天下，南撫交阯，北降幽都③，東、西至日所出入，莫不賓服。逮至其厚愛④，黍稷不二，羹胾不重，飯於土塯⑤，啜於土形⑥，斗以酌⑦。俯仰周旋，威儀之禮，聖王弗為。

注釋

　　①極：追求。

　　②不致：不招致。

　　③降：降服。

　　④逮至：至於。

　　⑤土塯：盛食物的陶製器具。

　　⑥土形：盛食物的瓦器。

⑦斗：酒器。

譯文

古代聖王制定飲食的法則，說：「足夠填充身體增益血氣，強健體魄，耳聰目明，就行了。不追求五味的調節，香味的調和，不招致外國的奇珍異品。」怎麼知道是這樣呢？古代堯帝治理天下，南方安撫交阯，北方降服幽都，東西土地從太陽升起的地方到太陽落下的地方，沒有不臣服的。至於他們很喜歡的食物沒有超過兩種，肉食不重複，用土塯盛飯，用瓦器喝水，用斗器飲酒。俯仰周旋，威嚴的禮儀，聖王是不用的。

原文

古者聖王制為衣服之法，曰：「冬服紺緅之衣①，輕且暖；夏服絺綌之衣②，輕且清③，則止。」諸加費不加於民利者，聖王弗為。

注釋

①紺（ㄍㄢˋ）緅（ㄗㄡ）之衣：深顏色的衣服。
②絺綌（ㄒㄧˋ）之衣：粗葛布和細葛布做的衣服。
③清：涼爽。

譯文

古代聖王製作衣服的法則，說：「冬天穿深顏色的衣服，輕便暖和；夏天穿粗葛布和細葛布做的衣服，輕便涼爽，就行了。」各種增加費用卻不利於百姓的，聖王不去做。

原文

古代聖人為猛禽狡獸暴人害民①，於是教民以兵行。日帶劍，為刺則入，擊則斷，旁擊而不折，此劍之利也。甲為衣，則輕且利，動則兵且從②，此甲之利也。車為服重致遠③，乘之則安，引之則利，安以不傷人，利以速至，此車之利也。古者聖王為大川廣谷之不可濟④，於是利為舟楫，足以將之⑤，則止。雖上者三公諸侯至，舟楫不易，津人不飾⑥，此舟之利也。

注釋

①為：因為。
②從：順從，順心。
③致遠：運送到遠方。
④濟：渡過。
⑤將：行。
⑥津人：搖船的人。

譯文

古代聖人因為猛禽狡獸殘害百姓，於是教百姓帶著兵器出行。帶著劍，用劍刺就能刺入，砍就能砍斷，而且怎麼用劍都不折斷，這是劍的有利之處。甲做衣服，輕快並便利，行動方便自如，這是甲的有利之處。車是為了載重物運到遠處，乘坐安穩，牽引便利，安穩不傷害人，便利可以迅速到達，這是車的便利之處。古代聖王因為大河深谷不可渡過，於是製造船隻，讓人乘船，就行了。即使居於上位的三公、諸侯來到，船隻不變，搖船的人不修飾，這是船的便利之處。

▶原文

　　古者聖王制為節葬之法，曰：「衣三領[1]，足以朽肉；棺三寸，足以朽骸；堀穴[2]，深不通於泉，流不發洩[3]，則止。」死者既葬，生者毋久喪用哀。古者人之始生，未有宮室之時，因陵丘堀穴而處焉[4]。聖王慮之，以為堀穴，曰：冬可以避風寒，逮夏，下潤濕上熏烝，恐傷民之氣，於是作為宮室而利。然則為宮室之法，將奈何哉？子墨子言曰：其旁可以圉風寒[5]，上可以圉雪霜雨露，其中蠲潔[6]，可以祭祀，宮牆足以為男女之別，則止。諸加費不加民利者，聖王弗為。

注釋

①三領：三件。
②堀穴：墳墓。
③流：氣味。
④因：憑藉，憑依。
⑤旁：四周。
⑥蠲（ㄐㄩㄢ）潔：整潔。

譯文

　　古代聖王制定節葬的法則，說：「衣服三件，足以遮住肉身，棺材三寸厚，足以保存骨骸，墳墓深度不與泉水相通，氣味不散發出來就行了。」死者埋葬後，生者不要長時間守喪哀悼。古代人類開始生活，未有宮室的時候，憑藉山嶺土丘挖洞穴而住，聖王擔心，認為挖洞穴居住，冬天可以躲避狂風和寒冷；到了夏天，地下潮濕薰蒸，恐怕傷害了人的血氣，於是建築宮室而利於百姓。但是建築宮室的法則是什麼呢？墨子說：它的四周可以抵禦風寒，牆體可以區別男女之禮，就行了。各

種增加費用卻不利於百姓的，聖王不去做。

◎節葬下

題解

　　本篇列舉了大量事例，指出了如果實行厚葬久喪，必然給國家和百姓帶來極大的危害，使府庫空虛，百姓饑餓，人口減少，國家混亂，盜賊橫生。墨子認為，節葬上合聖王之道，下合國家和百姓的利益。國君和士大夫如果內心確實想使國家富強，百姓豐衣足食，就必須反對厚葬久喪，實行節葬。《節葬》原有上、中、下三篇，上、中兩篇已佚，今選下篇。

▶原文

　　子墨子言曰：仁者之為天下度也①，辟之無以異乎孝子之為親度也。今孝子之為親度也，將奈何哉？曰：親貧，則從事乎富之；人民寡，則從事乎眾之②；眾亂，則從事乎治之。當其於此也，亦有力不足，財不贍③，智不智，然後已矣。無敢舍餘力，隱謀遺利，而不為親為之者矣。若三務者，孝子之為親度也，既若此矣④。雖仁者之為天下度，亦猶此也，曰：天下貧，則從事乎富之；人民寡，則從事乎眾之；眾而亂，則從事乎治之。當其於此，亦有力不足，財不贍，智不智，然後已矣。無敢舍餘力，隱謀遺利，而不為天下為之者矣。若三務者，此仁者之為天下度也，既若此矣。

注釋

①度：考慮，打算。

②眾：增多。

③贍（ㄕㄢˋ）：豐富，充足。

④既：全，都。

譯文

墨子說：仁人為天下考慮，與孝子為雙親考慮沒有什麼不同。現在孝子為雙親考慮，將怎麼辦呢？說：雙親貧困，就設法使雙親富裕；人口少，就設法使人口增多；人多混亂，則設法治理。在這種情況下，也有力量不充足，財物不豐富，智慧不能做到而後停止的。不敢捨棄餘力，隱藏智謀遺存利益，而不為雙親去做的。這三件事，是孝子為雙親考慮的，人人都是這樣。即使仁人為天下考慮，也是這樣。說：天下貧困，就設法富裕；人口少，就設法使人口增多；人多而亂，就設法治理。在這種情況下，也有力量不充足，財物不豐富，智慧不能做到而後停止的。不敢捨棄餘力，隱藏智謀遺存利益，而不為天下去做的。這三件事，是仁人為天下考慮的，都是這樣。

原文

今逮至昔者，三代聖王既沒①，天下失義。後世之君子，或以厚葬久喪②，以為仁也義也，孝子之事也；或以厚葬久喪，以為非仁義，非孝子之事也。曰二子者，言則相非，行即相反，皆曰吾上祖述堯、舜、禹、湯、文、武之道者也③。而言即相非，行即相反，於此乎後世之君子，皆疑惑乎二子者言也。若苟疑惑乎之二子者言，然則姑嘗傳而為政乎國家萬民而觀之。計厚葬久喪，奚當此三利者④？我意若使法其言，用其謀，厚葬久

喪,實可以富貧眾寡、定危治亂乎!此仁也義也,孝子之事也,
為人謀者,不可不勸也⑤。仁者將興之天下,誰賈而使民譽之,
終勿廢也。意亦使法其言,用其謀,厚葬久喪,實不可以富貧
眾寡、定危理亂乎!此非仁非義、非孝子之事也。為人謀者,
不可不沮也⑥。仁者將求除之天下,相廢而使人非之,終身勿
為。且故興天下之利,除天下之害,令國家百姓之不治也,自
古及今,未嘗之有也。

注釋

①沒:去世。
②以:認為。
③祖述:繼承。
④三利:即上文的富足、增加人口、治理混亂。
⑤勸:勸勉。
⑥沮:阻止。

譯文

　　現在追述從前,三代聖王去世後,天下失去道義。後代
的君子,有的認為厚葬久喪,是仁義的,孝子的事情;有的認
為厚葬久喪,不是仁義的,不是孝子的事情。這兩種人,言語
對立,行為相反,都說我向上繼承堯、舜、夏禹、商湯、周文
王、周武王的治國之道。而言語對應,行為相反,於是後代的
君子,都對這兩種話懷疑不解。如果懷疑這兩種人的言語,然
而姑且擴展到治理國家百姓的政事上觀察一下。衡量厚葬久喪
和上述三利有什麼相關呢?我或者效法他們的言語,採用他們
的謀略,厚葬久喪確實可以使貧者富人口增多安定危難,治理
混亂啊!這是仁義的孝子的事情,為別人謀劃,不可不勸勉。

仁人在天下實施它，宣揚並使人們讚揚它，始終不要廢棄。抑或也效法他們的言語，採用他們的謀略，厚葬久喪確實不可以使貧者富，人口增多，安定危難，治理混亂啊！這不是仁義的，不是孝子的事情。為人謀劃，不可不阻止。仁人將謀求在天下廢除它，並使人們責難它，始終不去做。況且興辦天下的利益，消除天下的禍害，使國家和百姓不能治理的，自古至今不曾有。

▶原文

何以知其然也？今天下之士君子，將猶多皆疑惑厚葬久喪之為中是非利害也①。故子墨子言曰：然則姑嘗稽之②，今雖毋法執厚葬久喪者言，以為事乎國家③。此存乎王公大人有喪者，曰棺槨必重，葬埋必厚，衣衾必多，文繡必繁④，丘隴必巨⑤；存乎匹夫賤人死者，殆竭家室；乎諸侯死者，虛車府，然後金玉珠璣比乎身⑥，綸組節約⑦，車馬藏乎壙，又必多為屋幕、鼎鼓、几梴、壺濫、戈劍、羽旄、齒革⑧，寢而埋之，滿意。若送從⑨，曰天子殺殉，眾者數百，寡者數十；將軍、大夫殺殉，眾者數十，寡者數人。

注釋

①將：大概。
②稽：考察。
③執：堅持。
④繁：繁瑣，繁多。
⑤巨：大。
⑥比乎身：遍及全身。
⑦節約：捆縛。
⑧几梴（ㄐㄧˇ ㄊㄥˊ）：几，小桌子；梴：竹席。

⑨送從：殉葬。

譯文

怎麼知道是這樣的？現在天下的士君子大概對厚葬久喪的是非利害大多還疑惑不解。所以墨子說：然而姑且考察一下它，現在按照效法堅持厚葬久喪的人說的，在國家內做這樣的事情。王公大人家有喪事，說棺材一定要重，埋葬必須講究，衣服必須多，刺繡必須繁瑣，墳墓必須高大；一般百姓家有喪事，幾乎耗盡了家財；諸侯有喪事，導致府庫空虛，然後把金玉珠璣遍佈全身，用絲帶捆縛，並把車馬埋到墓穴裡，又必定製造許多帳幕、鼎鼓、几梴、壺盆、戈劍、羽旄、象牙盾牌，放到墓穴裡掩埋，才能停止。如果陪葬，天子死了殺人殉葬，多的幾百人，少的幾十人；將軍、大夫死了殺人殉葬，多的幾十人，少的幾人。

原文

處喪之法，將奈何哉？曰：哭泣不秩①，聲翁，繰絰垂涕②，處倚廬，寢苫枕塊③；又相率強不食而為饑④，薄衣而為寒。使面目陷陬（ㄗㄡ），顏色黧黑，耳目不聰明，手足不勁強，不可用也。又曰：上士之操喪也，必扶而能起，杖而能行，以此共三年。若法若言⑤，行若道，使王公大人行此則必不能蚤朝五官六府⑥，辟草木，實倉廩。使農夫行此則必不能蚤出夜入，耕稼樹藝。使百工行此，則必不能修舟車、為器皿矣。使婦人行此，則必不能夙興夜寐，紡績織紝（ㄖㄣˊ）。細計厚葬，為多埋賦之財者也；計久喪，為久禁從事者也。財以成者，扶而埋之；後得生者，而久禁之。以此求富，此譬猶禁耕而求獲也。富之說無可得焉。

注釋

①不秩：不迭。秩，通「迭」。

②縗絰（ㄘㄨㄟ　ㄉㄧㄝ╱）：喪服和繫帶。

③寢：睡。

④強：勉強。

⑤若：這。

⑥五官：司徒、司馬、司空、司士、司寇。　六府：司土、司水、司木、司草、司器、司貨。

譯文

守喪的方法是什麼呢？說：哭泣不迭，聲音嘶啞，穿喪服，繫麻帶，流著眼淚，住在墓旁的房裡，睡在草苫上，枕著土塊；又互相勉強不吃飯，忍受饑餓，穿薄衣服，忍受寒冷。使臉上生皺，顏色變黑，耳不聰目不明，手腳無力，不能用力。又說：地位較高的士人守喪，必須扶著站起，拄著拐杖行走，這樣共三年。如果效法這種言論，實行這種方法，使王公大人這樣做，必然不能夠早朝五官六府，開闢荒蕪，充實倉庫。使農夫這樣做，必然不能早出晚歸，耕作種植。使各行各業的工匠這樣做，必然不能修造車船，製作器物。使婦女這樣做，必然不能早起晚睡，紡線織布。考慮厚葬，大多埋葬了財物；考慮久喪，長期禁止人們做事。財物生成，卻將它埋了；生產財物的人，卻長久禁止做事。這樣追求富裕，如同禁止耕作而尋求收穫。厚葬可富足的說法是不成立的。

原文

是故求以富家，而既已不可矣，欲以眾人民①，意者可邪②？其說又不可矣！今唯無以厚葬久喪者為政：君死，喪之三

年；父母死，喪之三年；妻與後子死者，五皆喪之三年；然後伯父、叔父、兄弟、孽子其③；族人五月；姑姊甥舅皆有月數，則毀瘠必有制矣。使面目陷陬④，顏然黧黑，耳目不聰明，手足不勁強，不可用也。又曰上士操喪也，必扶而能起，杖而能行，以此共三年。若法若言，行若道，苟其饑約又若此矣；是故百姓冬不仞寒⑤，夏不仞暑，作疾病死者，不可勝計也。此其為敗男女之交多矣⑥。以此求眾，譬猶使人負劍而求其壽也。眾之說無可得焉。

注釋

①眾：增多。
②意：抑或。
③孽子其：次子守喪一年。其，同「期」，一周年。
④陷陬（ㄗㄡ）：面部凹陷，生出皺紋。
⑤仞：忍受。
⑥敗：敗壞，荒廢。

譯文

　　所以追求使國家富裕，已經不可能了。想增加人口，抑或可以嗎？這種說法又不可以。現在以主張厚葬久喪的人治理天下，國君死，守喪三年；父母死，守喪三年；妻子與嫡生之子死，又守喪三年；然後伯父、叔父、兄弟、次子死了，守喪一年；家族的人死了，守喪五個月；姑姑、姐姐、外甥、舅舅死了都要守喪幾個月，並且喪期中身體的毀壞還有一定的規定。使相貌凹陷生皺，面色黧黑，耳不聰，目不明，手足沒有力量，不可用力。又說上等的士人操辦喪事，必須扶著牆而能站起，挂著拐杖行走，這樣共三年。如果遵照這種言語，施行這種學說，

像這樣忍饑受餓，所以百姓冬天不能忍受寒冷，夏天不能忍受炎熱，因為生病而死的不可計算。這樣做大大敗壞男女交往婚嫁。以這種做法想追求增加人口，猶如使人背劍作戰而追求長壽。使人口增加的說法是不成立的。

▶ **原文**

是故求以眾人民，而既以不可矣，欲以治刑政，意者可乎？其說又不可矣。今唯無以厚葬久喪者為政，國家必貧，人民必寡，刑政必亂。若法若言[1]，行若道：使為上者行此，則不能聽治；使為下者行此，則不能從事。上不聽治，刑政必亂；下不從事，衣食之財必不足。若苟不足，為人弟者求其兄而不得，不弟弟必將怨其兄矣[2]；為人子者求其親而不得，不孝子必是怨其親矣；為人臣者求之君而不得，不忠臣必且亂其上矣。是以僻淫邪行之民，出則無衣也，入則無食也，內續奚吾，並為淫暴[3]，而不可勝禁也。是故盜賊眾而治者寡。夫眾盜賊而寡治者，以此求治，譬猶使人三 而毋負己也[4]。治之說無可得焉。

（注釋）

①法：效法，遵照。
②弟：通「悌」。
③並：一同。
④毋：同「還」。

（譯文）

所以用它追求增加人口，已經不可能了，想用它治理刑法政治，或者可以吧？這種學說又不可以。現在用主張厚葬久喪

的人為政，國家必然貧窮，人民必然減少，刑法政治必然混亂。如果遵照這種言語，施行這種學說，使上級官員實施它，就不能為政；使百姓施行它，就不能做事。上司不為政，刑法政治必然混亂；百姓不做事，衣食財物必然不足。如果衣食不足，做人弟的求兄長而得不到，不敬重兄長並且怨恨兄長；做兒子的求他的雙親而得不到，不孝之子必然怨恨雙親，做臣子的求國君而不得，不忠的臣子必定擾亂君主。因此放縱奸邪的人，出去沒衣服，回家沒飯吃，感到羞辱，一起做壞事，而難以禁止，所以盜賊眾多，而難以治理。盜賊眾多而難以治理，以這種學說追求治理國家，如同讓人三次轉身而不轉向一樣。治理國家的說法是不成立的。

▶原文

　　是故求以治刑政，而既已不可矣，欲以禁止大國之攻小國也，意者可邪？其說又不可矣。是故昔者聖王既沒①，天下失義，諸侯力征，南有楚、越之王，而北有齊、晉之君，此皆砥礪其卒伍②，以攻伐並兼為政於天下。是故凡大國之所以不攻小國者，積委多③，城郭修，上下調和，是故大國不耆攻之。無積委，城郭不修，上下不調和，是故大國耆攻之。今唯無以厚葬久喪者為政，國家必貧，人民必寡，刑政必亂。若苟貧，是無以為積委也；若苟寡，是城郭、溝渠者寡也；若苟亂，是出戰不克④，入守不固。

（注釋）

　　①既沒：已經去世。
　　②卒伍：軍隊。
　　③積委：儲備的財物。

④不克：不成功。

譯文

所以以此追求治理刑法政治，既然已經不可能了，想以此禁止大國攻打小國，抑或可以吧？這種說法又不可以。因此從前聖王已經去世，天下失去正義，諸侯竭力征伐，南方有楚國、越國的君王，北方有齊國、晉國的君主，都訓練他們的軍隊，都是以攻伐兼併做為天下的政治。所以，凡是大國之所以不攻打小國的原因，是因為小國財物儲備多，城郭修整，上下團結，所以大國不攻打小國。沒有財物儲備，城郭不修整，上下不團結，所以大國才攻打小國。現在以主張厚葬久喪的人為政，國家必然貧窮，人民必然減少，刑法政治必然混亂，如果國家貧窮，因此不會有財物儲備，如果人口少，城郭、溝渠必然少；如果政治混亂，這樣出征不會成功，守衛不會堅固。

▶原文

故古聖王制為葬埋之法，曰：「棺三寸，足以朽體①；衣衾三領②，足以覆惡。以及其葬也，下毋及泉，上毋通臭，壟若參耕之畝③，則止矣。」死則既已葬矣，生者必無久哭，而疾而從事，人為其所能，以交相利也。此聖王之法也。

注釋

①朽體：放置身體。
②三領：三件。
③參：通「三」。

譯文

　　所以古代聖王制定埋葬的方法，說：「棺材厚三寸，足以放置身體；衣服三件，足以覆蓋身體。等到下葬的時候，墓穴向下不到泉水，向上不散發氣味，墳墓三尺寬就行了。」死者既已埋葬後，生者不要長久哭泣，應當立即去做事，人盡其能，相互有利。這是聖王制定的法則。

原文

　　是故子墨子曰：鄉者①，吾本言曰：意亦使法其言，用其謀，計厚葬久喪，請可以富貧②、眾寡、定危、治亂乎，則仁也，義也，孝子之事也！為人謀者，不可不勸也③；意亦使法其言，用其謀，若人厚葬久喪，實不可以富貧、眾寡、定危、治亂乎，則非仁也，非義也，非孝子之事也！為人謀者，不可不沮也。是故求以富國家，甚得貧焉；欲以眾人民，甚得寡焉；欲以治刑政，甚得亂焉；求以禁止大國之攻小國也，而既已不可矣；欲以干上帝鬼神之福，又得禍焉。上稽之堯、舜、禹、湯、文、武之道④，而政逆之⑤，下稽之桀、紂、幽、厲之事，猶合節也。若以此觀，則厚葬久喪⑥，其非聖王之道也。

注釋

①鄉者：先前。
②請：確實。
③勸：勸勉。
④稽：考察。
⑤政：通「正」，正好。
⑥則：那麼。

譯文

　　所以墨子說：先前我本來說過，抑或使人們遵照他們的言語，採用他們的謀略，考慮厚葬久喪，確實可以使貧者富裕，人口增多，安定危難，治理混亂，那麼它是仁義的，是孝子的份內之事！為人謀劃的人，不可不勸勉。抑或遵照他們的言語，採用他們的謀略，如果人們施行厚葬久喪，確實不可以使貧者富，人口增多，安定危難，治理混亂，那麼它不是仁義的，不是孝子的份內之事。為人謀劃的人，不可不阻止。所以，以它追求使國家富裕，得到的是貧窮；想以它增加人口，得到的是人口減少；想以它治理刑法政治，得到的是混亂；想以它追求禁止大國攻打小國，已經不可能了；想以它尋求上帝鬼神的賜福，卻會得到災禍。往上考察堯、舜、夏禹、商湯、周文王、周武王的治國之道，而正好相違背；往下考察夏桀、商紂、周幽王、周屬王的行事，卻很相合。如果以此事看，厚葬久喪不是聖王之道。

原文

　　故子墨子言曰：今天下之士君子，中請將欲為仁義①，求為上士，上欲中聖王之道②，下欲中國家百姓之利，故當若節喪之為政，而不可不察此者也。

注釋

　　①中請：內心確實。
　　②中：合乎，符合。

譯文

　　所以墨子說：現在天下的士君子，內心確實想施行仁義政治，求做上士，上想合乎聖王治國之道，下想合乎國家和百姓利益，所以應當以節喪為政，並且不可不進行明察。

◎天志上

題解

　　天志就是上天的意志。墨子所謂的天，是經過改造的天，它已變成提倡兼相愛、交相利，反對兼相惡、交相別的神秘意志。原文分上、中、下三篇，今選上篇。

原文

　　子墨子言曰：今天下之士君子，知小而不知大。何以知之？以其處家者知之[1]。若處家得罪於家長，猶有鄰家所避逃之；然且親戚、兄弟、所知識共相儆戒[2]，皆曰：「不可不戒矣！不可不慎矣！惡有處家而得罪於家長而可為也[3]？」非獨處家者為然，雖處國亦然。處國得罪於國君，猶有鄰國所避逃之；然且親戚、兄弟、所知識共相儆戒，皆曰：「不可不慎矣！不可不戒矣！誰亦有處國得罪於國君而可為也？」此有所避逃之者也，相儆戒猶若此其厚，況無所避逃之者，相儆戒豈不愈厚，然後可哉？且語有之曰[4]：「焉晏日焉而得罪，將惡避逃之？」曰：「無所避逃之。」夫天，不可為林谷幽間無人，明必見之；

然而天下之士君子之於天也，忽然不知以相儆戒。此我所以知天下士君子知小而不知大也。

譯文

墨子說：現在天下的士大夫君子們，知道小道理而不知道大道理。怎麼知道的？從他處理家族的事可以看出。如果處理家族事務得罪了家長，還有鄰家的地方可以逃避；然而父母、兄弟和朋友們共同互相警戒，都說：「不可以不警戒呀！不可以不謹慎呀！怎麼會有處理家族事務得罪了家長，卻能有所作為的呢？」不僅處理家務是這樣，即使是處理國家事務也如此。處理國家事務得罪了國君，還有鄰國的地方可以逃避；然而父母、兄弟和朋友們共同互相警戒，都說：「不可以不警戒呀！不可以不謹慎呀！哪有處理國家事務得罪了國君還能有所作為的呢？」這是有地方逃避的，互相警戒還如此嚴重，何況那些沒有地方可逃的人呢？互相警戒不是更嚴重，然後才行嗎？而且俗話說：「在光天化日之下犯了罪，將往哪裡逃避？」所以說：「沒有逃避的地方。」上天，即使在山林幽谷間無人的地方，很明顯是能看見的；但是天下的士大夫君子們對於上天，卻疏忽大意，全然不懂得以得罪於上天而相儆戒。這就是我之所以瞭解他們只知道小道理而不知道大道理的原因。

▲原文

　　然則天亦何欲何惡①？天欲義而惡不義。然則率天下之百姓，以從事於義，則我乃為天之所欲也。我為天之所欲，天亦為我所欲。然則我何欲何惡？我欲福祿而惡禍祟②。若我不為天之所欲，而為天之所不欲，然則我率天下之百姓，以從事於禍祟中也。然則何以知天之欲義而惡不義？曰：天下有義則生③，無義則死；有義則富，無義則貧；有義則治，無義則亂。然則天欲其生而惡其死，欲其富而惡其貧，欲其治而惡其亂。此我所以知天欲義而惡不義也。

注釋

　　①亦：又。
　　②祟：指鬼神降災。
　　③有義：合乎義。

譯文

　　既然這樣，那麼上天喜歡什麼、憎惡什麼？上天喜歡義而憎惡不義。於是就率領天下的百姓，去做合乎義的事情，這就是我在做上天所喜歡的事。我做上天所喜歡的事，上天也會做我所喜歡的事。那麼我又喜歡什麼憎惡什麼？我喜歡福祿而討厭禍祟。如果我不做上天所喜歡的事，而去做上天所不喜歡的事，那就是我率領天下的百姓，在災難禍祟中去幹壞事了。那麼怎麼知道上天喜歡義而憎惡不義呢？回答說：天下符合義的就生存，不符合義的就死亡；符合義的就富裕，不符合義的就貧困；符合義的就太平有秩序，不符合義的就混亂。那麼，上天總是喜歡人活而不願人死，喜歡人富而不願人窮，喜歡太平而不願混亂。因此我知道天喜歡義而憎惡不義。

▌原文

曰：且夫義者，政也①。無從下之政上，必從上之政下。
是故庶人竭力從事，未得次己而為政②，有士政之；士竭力從
事，未得次己而為政，有將軍、大夫政之；將軍、大夫竭力從事，
未得次己而為政，有三公諸侯政之；三公諸侯竭力聽治，未得
次己而為政，有天子政之；天子未得次己而為政，有天政之。
天子為政於三公、諸侯、士、庶人，天下之士君子固明知；天
之為政於天子，天下百姓未得之明知也。故昔三代聖王禹、湯、
文、武，欲以天之為政於天子，明說天下之百姓，故莫不犓牛
羊③，豢犬彘④，潔為粢盛酒醴⑤，以祭祀上帝鬼神，而求祈福
於天。我未嘗聞天之所求祈福於天子也。我所以知天之為政於
天子者也。

注釋

①政：通「正」，匡正。
②次己：放縱自己。次，通「恣」，放縱。
③犓（ㄔㄨˋ）：用鋤碎的草料餵養牛羊。
④犬彘（ㄓˋ）：狗和豬。
⑤粢盛（ㄗ ㄔㄥˊ）：盛在祭器中以供祭祀的穀物。

譯文

墨子說：說到義，是匡正人的。不能從下屬來匡正上司，
必須從上司來匡正下屬。因此老百姓盡力做事，不能聽憑自己
的意願去從政，有士人來糾正他們；士人盡力做事，不能聽憑
自己的意願去從政，有將軍和大夫糾正他們；將軍和大夫努力
工作，不能聽憑自己的意願去從政，有三公諸侯來糾正他們；
三公諸侯盡力處理政事，不能聽憑自己的意願去從政，有天子

來糾正他們。天子不得擅自去從政，有上天糾正他。天子向三公、諸侯、士人、庶民百姓施政，天下的士大夫君子們固然知道；上天向天子施政，天下百姓不能明白地知道。所以從前三代的聖王禹、湯、文王、武王，想把上天向天子施政的事，明白地說給天下的百姓，所以沒有誰不割草餵養牛羊，用穀物餐養豬狗，使盛在祭器中的黍稷和甜酒潔淨，用來祭祀上帝鬼神，向上天祈求賜福。我還未曾聽說過上天向天子祈求賜福的。這是我所以知道上天向天子施政的原因。

▶原文

故天子者，天下之窮貴也，天下之窮富也。故於富且貴者，當天意而不可不順。順天意者，兼相愛①，交相利②，必得賞；反天意者，別相惡，交相賊，必得罰。

然則是誰順天意而得賞者？誰反天意而得罰者？子墨子言曰：昔三代聖王禹、湯、文、武，此順天意而得賞者也；昔三代之暴王桀、紂、幽、厲，此反天意而得罰者也。然則禹、湯、文、武，其得賞何以也？子墨子言曰：其事上尊天，中事鬼神，下愛人，故天意曰：「此之我所愛，兼而愛之；我所利，兼而利之。愛人者此為博焉，利人者此為厚焉。」故使貴為天子，富有天下，業萬世子孫，傳稱其善，方施天下③，至今稱之，謂之聖王。然則桀、紂、幽、厲得其罰何以也？子墨子言曰：其事上詬天④，中詬鬼神，下賊人⑤，故天意曰：「此之我所愛，別而惡之；我所利，交而賊之。惡人者，此為之博也；賊人者，此為之厚也。」故使不得終其壽，不歿其世⑥，至今毀之，謂之暴王。

注釋

①兼相愛：普遍地與人相親相愛。
②交相利：在相親相愛中互相獲利。
③方施：普遍地散佈。
④詬（ㄍㄡˋ）：辱。
⑤賊：殘害。
⑥歿其世：終身。歿，通「沒」。

譯文

所以天子是天下極其高貴的人，天下極其富有的人。所以想要又富又貴的人，面對天意而不得不順從。順從天意的人，普遍地與人相親相愛，在親愛中互相獲利，必然會得到獎賞；違背天意的人，普遍地互相憎惡，互相殘害，必定會得到懲罰。

既然這樣，那麼是誰順從天意而得到獎賞？是誰違背天意而得到懲罰？墨子說：從前三代的聖王禹、湯、文王、武王，這些人是順從天意而得到獎賞的；從前三代的暴君桀、紂、幽王、厲王，這些人是違背天意而被懲罰的。那麼禹、湯、文王、武王是怎樣得到獎賞的？墨子說：他們的業績是對上尊敬上天，在中侍奉鬼神，對下愛護人民，所以天意說：「這就是我所愛的，他們兼而愛之，我所利的，他們也兼而利之。愛護人民的以此為最廣博了，有利於人民的以此為最厚重。」所以上天使他們貴為天子，富有天下，使子孫萬世繼業，史傳稱頌他們，說是聖王。桀、紂、幽王、厲王，又是怎樣得到懲罰的？墨子說：他們的罪行是對上辱上天，對中辱鬼神，對下殘害人民，所以天意說：「這就是我所愛的，他們分別憎恨它；我所利的，他們交互殘害它。憎惡人民的以此為最廣泛了，殘害人民的以此為最嚴重了。」所以上天使他們不能壽終正寢，不能傳天下給子孫，人們到現在對他們還有非議，說他們是暴君。

▶原文

　　然則何以知天之愛天下之百姓？以其兼而明之^①。何以知其兼而明之？以其兼而有之。何以知其兼而有之？以其兼而食焉^②。何以知其兼而食焉？四海之內，粒食之民^③，莫不犓牛羊，豢犬彘，潔為粢盛酒醴，以祭祀於上帝鬼神。天有邑人，何用弗愛也？且吾言殺一不辜者，必有一不祥。殺不辜者誰也？則人也。予之不祥者誰也？則天也。若以天為不愛天下之百姓，則何故以人與人相殺，而天予之不祥？此我所以知天之愛天下之百姓也。

注釋

　　①明：用如動詞，照臨。
　　②食：同「飼」，養育、飼養。
　　③粒食之民：吃糧食的人民百姓。

譯文

　　那麼怎麼知道天是愛天下百姓的呢？因為天普遍地照臨天下。怎麼知道普遍地照臨天下？因為天普遍地擁有百姓。怎麼知道天普遍地擁有百姓呢？因為天普遍地享受著百姓的祭品。怎麼知道上天普遍享受百姓的祭品呢？四海之內，凡是吃糧食的人民，沒有誰不割草餵養牛羊，用穀物豢養豬狗，使盛在祭器中的黍稷和甜酒潔淨，用來祭祀上帝鬼神。上天擁有國人，為什麼不愛護他們呢？況且殺死一個無辜的人必定會有一種不祥降臨。是誰殺死無辜的人？就是人。是誰把不祥降到殺人者頭上？是天。假如以為是上天不愛護天下的百姓，那麼是什麼原因在人互相殘殺後而上天卻給予不祥呢？這就是我所以知道上天愛護天下百姓的原因。

原文

順天意者，義政也①；反天意者，力政也②。然義政將奈何哉？子墨子言曰：處大國不攻小國，處大家不簒小家，強者不劫弱，貴者不傲賤，多詐者不欺愚。此必上利於天，中利於鬼，下利於人。三利無所不利，故舉天下美名加之，謂之聖王。力政者則與此異，言非此，行反此，猶倖馳也③。處大國攻小國，處大家簒小家，強者劫弱，貴者傲賤，多詐者欺愚。此上不利於天，中不利於鬼，下不利於人。三不利無所利，故舉天下惡名加之，謂之暴王。

注釋

①義政：指以德服人的正義政治。
②力政：指以武力服人的暴力政治。
③倖：當作「偝」，偝通「背」，背道而馳。

譯文

順從天意的，是仁政；違背天意的，是暴政。那麼實行仁政會怎樣呢？墨子說：居於大國地位的不攻打小國，居於大家族地位的不掠奪小家族，強大的不掠奪弱小的，高貴的不鄙視卑賤的，智謀多的不欺騙愚昧的。對上必利於上天，對中必利於鬼神，對下必利於人民。上、中、下三利中無所不利，所以將天下的美名加給他們，稱他們是聖王。實行暴政的人則與此相異，言談對此非議，行為與此相反，猶如背道而馳。居於大國地位的攻打小國，居於大家族地位的掠奪小家族，強大的劫持弱小的，富貴的輕視低賤的，智謀多的人欺騙愚昧的人。這樣，對上必定不利於天，對中必定不利於鬼神，對下必定不利於人民。三種不利在一起，就沒有什麼利了，所以把天下最壞

的名聲加到他們頭上，稱他們是暴君。

▶原文

　　子墨子言曰：我有天志，譬若輪人之有規，匠人之有矩。輪、匠執其規、矩，以度天下之方圓①，曰：「中者是也，不中者非也。」今天下之士君子之書，不可勝載，言語不可盡計②，上說諸侯③，下說列士，其於仁義，則大相遠也。何以知之？曰：我得天下之明法以度之。

注釋

　　①圜：同「圓」。
　　②計：同「記」，記錄。
　　③說（ㄕㄨㄟˋ）：勸說。

譯文

　　墨子說：我們有了上天的意志，就像造車輪的人有了圓規，木匠有了矩尺。造車輪的師傅和木匠手拿圓規、矩尺，用以度量天下的方圓，說：「符合規矩的就是對的，不合規矩的就是錯的。」現在天下的士大夫君子們的書籍，多得承載不下，所說的話不能都記錄下來，對上遊說諸侯，對下遊說有志功業的人，他們對於仁義，就離得很遠了。怎麼知道的？回答說：我得到了天下的明法，能用來把它度量出來。

◎明鬼下

「明鬼」就是明辨鬼神確實存在，而且還會賞善罰惡。以今天的觀點來看，這個論題顯然是與科學的精神背道而馳的。之所以加以選錄，為的是便於讀者全面地瞭解墨子的思想及觀點。《明鬼》原有上、中、下三篇，前兩篇已佚。本篇選注時略有刪節。

原文

子墨子言曰：逮至昔三代聖王既沒，天下失義，諸侯力正①。是以存夫為人君臣上下者之不惠忠也，父子弟兄之不慈孝弟長貞良也，正長之不強於聽治②，賤人之不強於從事也。民之為淫暴寇亂盜賊，以兵刃、毒藥、水火退無罪人乎道路率徑③，奪人車馬、衣裘以自利者，並作，由此始，是以天下亂。此其故何以然也？則皆以疑惑鬼神之有與無之別，不明乎鬼神之能賞賢而罰暴也。今若使天下之人，偕信鬼神之能賞賢而罰暴也④，則夫天下豈亂哉！

注釋

①力正：即暴力統治。正，同「政」。
②強：努力。
③退：當作「遇」，搶劫的意思。　率徑：大路與小路。
④偕：通「皆」，都，全。

譯文

墨子說：自從前三代聖王死去後，天下就喪失了正義，諸侯用武力征伐。因此就有了作為人，君臣、上下不惠不忠，父子不慈不孝，兄弟不友好不善良，官長不努力從事於聽政治理，下賤人不努力工作。老百姓做出了淫暴、寇亂、盜賊的事，拿著兵器、毒藥、水火，在大路小路上攔住無罪的人，搶奪人家的車馬和衣裳據為己有，這些事一起發生，從此開始，天下便大亂。這中間的原因是什麼？都是因為對有無鬼神的分辨疑惑不解，對鬼神的能夠賞賢罰暴不明白。如今假使天下的民眾，都共同相信鬼神能夠賞賢罰暴，那麼天下還會混亂嗎？

原文

今執無鬼者曰：鬼神者，固無有。且暮以為教誨乎天下，疑天下之眾，使天下之眾皆疑惑乎鬼神有無之別，是以天下亂。是故子墨子曰：今天下之王公大人、士君子，實將欲求興天下之利，除天下之害，故當鬼神之有與無之別，以為將不可以不明察此者也。

既以鬼神有無之別，以為不可不察已。然則吾為明察此，其說將奈何而可？子墨子曰：是與天下之所以察知有與無之道者①，必以眾之耳目之實知有與亡為儀者也②。請惑聞之見之，則必以為有；莫聞莫見，則必以為無。若是，何不嘗入一鄉一里而問之？自古以及今，生民以來者，亦有嘗見鬼神之物，聞鬼神之聲，則鬼神何謂無乎？若莫聞莫見，則鬼神可謂有乎？

注釋

①與：通「舉」，即全的意思。
②儀：標準。

譯文

現在主張沒有鬼神的人說：鬼神，本來是不存在的。從早到晚拿這些話去教導天下的人，迷惑天下的民眾，使天下的民眾對有無鬼神迷惑不解，因此天下就混亂了。所以墨子說：現在天下的王公大人、士大夫君子們，確實要追求興起天下的大利，除去天下的公害，所以對於鬼神有無的分辨，認為將是不能不明白考察的。

既要分辨鬼神的有與無，因此這是不可不考察的了。既然這樣，那麼我去明白地考察這個事情，其中的說法要怎樣才行？墨子說：要想察知天下的事情有還是沒有，必須以眾人耳聞目睹的實際情況，作為有與無的準繩。確實有人聽到了，看到了，那麼一定有鬼神存在。沒有聽說也沒有看見，那麼鬼神一定不存在。既然這樣，為什麼不進入一鄉一里去詢問呢？從古至今自有生民以來，也有人曾經見過鬼神的形狀，聽到鬼神的聲音，那麼怎麼能說沒有鬼神呢？如果沒有誰聽到，沒有誰看到，那麼怎麼說存在鬼神呢？

原文

今執無鬼者言曰：夫天下之為聞見鬼神之物者，不可勝計也，亦孰為聞見鬼神有[1]、無之物哉？

子墨子言曰：若以眾之所同見，與眾之所同聞，則若昔者杜伯是也。周宣王殺其臣杜伯而不辜[2]，杜伯曰：「吾君殺我而不辜，若以死者為無知，則止矣；若死而有知，不出三年，必使吾君知之。」其三年，周宣王合諸侯而田於圃[3]，田車數百乘，從數千人，滿野。日中，杜伯乘白馬素車，朱衣冠，執朱弓，挾朱矢，追周宣王，射之車上，中心折脊，殪車中[4]，伏弢而死[5]。當是之時，周人從者莫不見，遠者莫不聞，著在周之《春秋》。為君者以教其臣，為父者以警其子，曰：「戒之！

慎之！凡殺不辜者，其得不祥，鬼神之誅，若此之憯速也⑥！」
以若書之說觀之，則鬼神之有，豈可疑哉！

　　非惟若書之說為然也，昔者秦穆公當晝日中處乎廟，有神
入門而左，人面鳥身，素服玄⑦，面狀正方。秦穆公見之，乃
恐懼奔。神曰：「無懼！帝享女明德，使予錫女壽十年有九⑧，
使若國家蕃昌，子孫茂，毋失秦。」穆公再拜稽首，曰：「敢
問神名？」曰：「予為句芒⑨。」若以秦穆公之所身見為儀，
則鬼神之有，豈可疑哉！

注釋

①亦：又。
②不辜：無辜，冤枉。
③田：打獵。
④殪（ㄧˋ）：死去。
⑤弢（ㄊㄠ）：弓袋。
⑥憯（ㄘㄢˇ）：慘痛。
⑦玄：黑帽。
⑧錫：同「賜」，賞賜。
⑨句芒（ㄍㄡ　ㄇㄤˊ）：木神名。

譯文

　　如今主張沒有鬼神的人說：天下聽到、看到鬼神的聲音和
形狀的人，多得數都數不清，那麼又是誰聽到、看到鬼神的聲
音和形狀的呢？

　　墨子說：如果按照大眾所共同看到的，和大眾所共同聽到
的，那麼像過去的杜伯便是這樣的。周宣王殺了他的臣子杜伯，
而杜伯是無罪的，杜伯說：「我的國君要殺我，我是無罪的。

如果認為死者無知，那就算了；若是死者有知，那麼不出三年，必定要使我的國君知道。」第三年，周宣王會集諸侯在圃田打獵，獵車數百輛，隨從幾千，遍佈山野。到中午時，杜伯乘坐白馬素車，戴著紅帽，手拿紅弓，挾著紅箭，追趕周宣王，將周宣王射在車上，正中宣王的前心，折斷了他的脊樑骨，倒斃在車內，是趴在弓袋上死的。這時，周宣王的隨從沒有誰不看見，站在遠處的沒有誰不聽見，並且記載在國史《春秋》上。做國君的以此教育他的臣下，做父親的以此警告他的兒子，說：「警戒呀！謹慎呀！凡是殺害無罪的人，他將會得到不祥，鬼神對他的懲罰，是如此的慘烈迅速呀！」按照這本書所說的看來，鬼神的存在，難道可以懷疑嗎！

不僅是這本書所說的是這樣，過去秦國的穆公，在一個白天的中午停留在宗廟裡，看見一個神進了大門左拐，人面鳥身，穿著素服，頭戴黑色帽子，臉形是正方的。秦穆公看見他，於是很恐懼，想要逃走。神說：「不要害怕！上帝獎賞你的光明德行，讓我多賜給你十九年陽壽，使你的國家繁榮昌盛，子孫眾多，永遠不會失去秦國。」穆公再行稽首禮，說：「斗膽敢問尊神大名？」神答道：「我是木神句芒。」如果以秦穆公所看見的作為標準，那麼鬼神的存在，難道可以懷疑嗎！

原文

今執無鬼者曰：夫眾人耳目之請①，豈足以斷疑哉？奈何其欲為高君子於天下，而有覆信眾人耳目之請哉？

子墨子曰：若以眾之耳目之請，以為不足信也，不以斷疑，不識若昔者三代聖王堯、舜、禹、湯、文、武者，足以為法乎？故於此乎自中人以上皆曰②：「若昔者三代聖王，足以為法矣。」若苟昔者三代聖王足以為法，然則姑嘗上觀聖王之事：

昔者武王之攻殷誅紂也，使諸侯分其祭，曰：「使親者受

內祀，疏者受外祀。」故武王必以鬼神為有，是故攻殷伐紂，使諸侯分其祭；若鬼神無有，則武王何祭分哉！

非惟武王之事為然也，古聖王其賞也必於祖，其僇也必於社③。賞於祖者何也？告分之均也；僇於社者何也？告聽之中也。

非惟若書之說為然也，且惟昔者虞夏、商、周三代之聖王，其始建國營都日，必擇國之正壇，置以為宗廟；必擇木之修茂者，立以為菆位④；必擇國之父兄慈孝貞良者，以為祝宗；必擇六畜之勝腯肥倅毛⑤，以為犧牲，圭璧琮璜，稱財為度；必擇五穀之芳黃，以為酒醴粢盛，故酒醴粢盛與歲上下也⑥。故古聖王治天下也，故必先鬼神而後人者，此也。故曰：官府選效，必先鬼神，祭器、祭服畢藏於府，祝宗有司畢立於朝，犧牲不與昔聚群。故古者聖王之為政若此。

注釋

①請：讀為「情」。

②中人：中等智商的人。

③僇：通「戮」，殺戮。

④菆（ㄗㄡ）位：即叢位，又叫叢社，叢祠。

⑤腯（ㄊㄨˊ）：肥壯。 倅（ㄘㄨㄟˋ）毛：毛色純正。

⑥與歲上下：隨收成的好壞而有所增損。

譯文

現在主張沒有鬼神的人說：從眾人耳目得來的情況，難道足以斷定這些疑惑嗎？為何那些天下成為上層人士的人，反而又相信從普通人的耳目得來的情況呢？

墨子說：如果拿眾人耳目得來的情況，認為是不足為信

的，不能借此斷定疑惑，那麼就不能確知從前三代的聖王堯、舜、禹、湯、文王和武王，足以能作為法則麼？於是智力中等以上的人都會說：「像從前的三代聖王，他們可以作為當今的法則。」如果從前三代的聖王足以作為法則，那麼姑且追溯聖王的事實：

從前周武王攻打殷商誅殺紂王，讓諸侯分掌紂王的祭祀，說：「同姓諸侯的，得立祖廟以祭祀；異姓諸侯，祭祀本國的山川。」因此說武王必定認為鬼神是存在的，因此攻打殷商討伐紂王後，使諸侯們分掌殷商的祭祀；如果鬼神不存在，那麼武王何必把祭祀分開呢！

不僅是周武王的事情如此，古代的聖王他們行賞一定在祖廟，他們殺戮一定在土地廟。為什麼在祖廟行賞？是告訴祖宗賞賜均等；為什麼在土地廟殺戮，是報告土地神斷罪公平。

不只是這本書所說的是這樣，並且從前的夏、商、周三代的聖王，他們起初建國設立都城的日子，必定選取國內居中可設祭壇之地，用來建立宗廟；必定選擇樹木高大茂密之地，用以建立叢祠；必定要選擇國內父兄輩中慈祥、孝順、善良的人，充當祭祀的太祝和宗伯；必定選擇家畜群中肥壯純色者，作為祭品，擺設圭、璧、琮、璜等玉器，以和財力相稱為原則；必定要選擇五穀中氣味香色澤美的，用作甜酒和盛在祭器中的黍稷，所以甜酒和盛在祭器中的黍稷，隨年成之好壞而有所增減。所以古代的聖王治理天下，之所以必定是先鬼神而後才是人的道理，就在這兒。所以說：官府置辦供具，必定以鬼神為先，把祭器、祭服都收藏在府庫裡，太祝、宗伯及有關官員都位於朝廷，選出的祭牲不跟從前的畜群關在一起。所以古代聖王的施政，就是如此。

原文

　　古者聖王必以鬼神為有，其務鬼神厚矣①。是以莫有一人敢放幽間，擬乎鬼神之明顯，畏上誅罰。又恐後世子孫不能知也，故書之竹帛，傳遺後世子孫。或恐其腐蠹（ㄉㄨˋ）絕滅，後世子孫不得而記，故琢之盤盂、鏤之金石以重之②。有恐後世子孫不能敬若以取羊③，故先王之書，聖人之言，一尺之帛，一篇之書，語數鬼神之有也，重有重之。此其故何？則聖王務之。今執無鬼者曰：「鬼神者，固無有。」則此反聖王之務④。反聖王之務，則非所以為君子之道也。

注釋

　　①務：侍奉。
　　②重：重視，注重。盤盂（ㄆㄢˊ　ㄩˊ）：古浴器。盂，飲食器。
　　③亂若（ㄐㄩㄣˋ）：為「若」之誤。　羊：即「祥」。
　　④反：違反。

譯文

　　古代聖王一定認為鬼神是存在的，他們盡力侍奉鬼神是很厚重的。所以沒有一個人敢放肆於幽間之間，測度鬼神的明顯存在，恐怕有罪而被誅罰於上。又恐怕後世子孫不能知道，所以寫在竹簡布帛上，留傳給後代子孫。也許恐怕文字被腐蝕、被蛀蝕而滅絕，使後世子孫不能記住，所以在盤盂上雕琢，在金石上鏤刻，以示敬重。又恐怕後代子孫不能敬順鬼神而取得吉祥，所以先王的書籍，聖人的言論，即使是在一尺帛書上，一篇簡書上，多次述說鬼神的存在，那是敬重又敬重了。這中間的原因是什麼？因為聖王要盡力侍奉鬼神。現在主張無鬼的

人說：「鬼神啊，本來就不存在。」那麼這就是違背聖王的侍奉鬼神了。違背聖王的侍奉鬼神，那麼就脫離了所以為君子的大道了。

原文

今執無鬼者之言曰：先王之書，聖人之言，一尺之帛，一篇之書，語數鬼神之有，重有重之，亦何書之有哉？

子墨子曰：《周書・大雅》有之。《大雅》曰：「文王在上，於昭於天。周雖舊邦，其命維新。有周不顯，帝命不時。文王陟降①，在帝左右。穆穆文王，令聞不已。」若鬼神無有，則文王既死，彼豈能在帝之左右哉？此吾所以知《周書》之鬼也。

且《周書》獨鬼而《商書》不鬼，則未足以為法也。然則姑嘗上觀乎《商書》。曰：「嗚呼！古者有夏，方未有禍之時，百獸貞蟲②，允及飛鳥，莫不比方。矧佳人面③，胡敢異心？山川鬼神，亦莫敢不寧；若能共允④，佳天下之合，下土之葆。」察山川、鬼神之所以莫敢不寧者，以佐謀禹也。此吾所以知《商書》之鬼也。

且《商書》獨鬼而《夏書》不鬼，則未足以為法也。然則姑嘗上觀乎《夏書》。《禹誓》曰：「大戰於甘，王乃命左右六人，下聽誓於中軍。曰：『有扈氏威侮五行，怠棄三正，天用剿絕其命⑤。』有曰：『日中，今予與有扈氏爭一日之命。且！爾卿、大夫、庶人，予非爾田野寶玉之欲也，予共用天之罰也。左不共於左，右不共於右，若不共命；御非爾馬之政，若不共命。是以賞於祖，而僇於社。』」賞於祖者何也？言分命之均也；僇於社者何也？言聽獄之衷也。故古聖王必以鬼神為賞賢而罰暴，是故賞必於祖，而僇必於社。此吾所以知《夏書》之鬼也。

故尚者《夏書》⑥，其次商、周之書，語數鬼神之有也，

重有重之。此其故何也？則聖王務之。以若書之說觀之，則鬼神之有，豈可疑哉！於古曰：「吉日丁卯，周代祀社、方；歲於祖考⑦，以延年壽。」若無鬼神，彼豈有所延年壽哉！

注釋

①陟（ㄓˋ）降：死亡。

②貞蟲：爬蟲。

③矧（ㄕㄣˇ）：況且。　佳：古「惟」字。

④共允：恭敬而誠信。共，同「恭」。

⑤用：因此。

⑥尚：通「上」。

⑦考：先祖。

譯文

現在主張無鬼的人問：先王的書籍，聖人的言語，即使是在一尺帛書上，一篇簡書上，多次述說鬼神的存在，是敬重又敬重了，那麼是什麼書籍寫有這些呢？

墨子答道：《詩經》中的《大雅》就寫有這個。《大雅》說：「文王在君位之上，而其功德昭著於天。周雖是舊國，它受命於天，治理天下，卻是剛開始。周朝的業績很顯著，接受天帝的大命很及時。文王去世後，其神在天帝之旁。勤勉的文王，你的美名傳頌不止。」如果鬼神不存在，那麼文王已經死了，他怎麼能夠在天帝的左右呢？這就是我所以知道《周書》寫有鬼神的事實。

而且單單《周書》記有鬼神，而《商書》卻沒有記載鬼神，那麼不足以此作為法則。既然這樣，姑且試著追溯看看《商書》。《商書》說：「哎呀！古代的夏朝，正當沒有災禍的時候，

各種野獸和蟲子，以及各種飛鳥，沒有不比類依附的；何況是人類，怎敢懷有異心？山川、鬼神，也無不安寧；如能恭敬誠信，則天下和合，確保國土。」考察山川、鬼神所以無不安寧的原因，是因為要輔助禹夏。這就是我所以知道《商書》寫有鬼神的事實。

　　而且《商書》單單記有鬼神，可是《夏書》沒有記載鬼神，那麼不足以此作為法則。既然這樣，姑且試著追溯看看《夏書》。《禹誓》說：「在甘這個地方將要大戰，夏王啟於是對左右六個將軍下命令，下到中軍去聽宣誓。夏王啟說：『諸侯有扈氏輕視金、木、水、火、土五行，怠慢廢棄天地人之正道，上天因此要剿滅他們的命運。』又說：『太陽當頂的時候，現在我要跟有扈氏爭這一天的命運。前往吧！你們這些卿士、大夫和平民百姓。我不是想佔有扈氏的田野和寶玉，我在恭敬地實行天的懲罰。在兵車左側的人不在左面進攻，右側的人不在右面進攻，你們就是不恭順天之命令；駕車的不能以正御之法駕其馬，你們就是不恭順天之命令。因而行賞在廟主之前，誅殺在社主之前。』」在祖廟行賞是為什麼呢？是說分受天命公正無私；在土地神前誅殺是為什麼呢？是說處理刑事公平合理。所以古代的聖王一定要按鬼神的意思賞賢和罰暴，因此行賞必定在祖廟，誅殺必定在土地神廟。這就是我所以知道《夏書》記載有鬼神的事實。

　　所以上古有《夏書》，其次有《商書》、《周書》，多次述說鬼神的存在，敬重又敬重。這中間的原因是什麼？是聖王要盡力侍奉鬼神啊。從這些書的說法來看，那麼鬼神的存在，難道可以懷疑麼！在古時有記載說：「在丁卯吉日，群臣百官普遍代祀土地神、四方之神，歲末祭先祖，向先祖祈禱，以使先王延年益壽。」如果是沒有鬼神，他們怎會延年益壽！

▲原文

是故子墨子曰：嘗若鬼神之能賞賢如罰暴也，蓋本施之國家，施之萬民，實所以治國家、利萬民之道也。若以為不然，是以吏治官府之不潔廉，男女之為無別者，鬼神見之；民之為淫暴寇亂盜賊，以兵刃、毒藥、水火，退無罪人乎道路，奪人車馬、衣裘以自利者，有鬼神見之。是以吏治官府不敢不潔廉，見善不敢不賞，見暴不敢不罪。民之為淫暴寇 亂盜賊，以兵刃、毒藥、水火，退無罪人乎道路，奪車馬、衣裘以自利者，由此止，是以天下治。

譯文

因此墨子說：應當相信鬼神能賞賢罰暴的事實，而且本可以用之於國家，用之於萬民，實在是所以治理國家、有利於萬民的大道。如果認為不是這樣，那麼將導致官吏治理官府不廉潔，男女沒有區別，鬼神會看得見；百姓施為淫暴、寇亂、盜賊，拿著兵器、毒藥、水火，在道路上攔住無罪的人，掠奪人家的車馬、衣裘據為己有，這些也有鬼神看得見。因此官吏治理官府不敢不廉潔，看到好的不敢不獎賞，看到壞的不敢不懲罰。老百姓施為淫暴、寇亂、盜賊，拿著兵器、毒藥、水火，在道路上攔住無罪的人，掠奪人家的車馬、衣裘據為己有，就會從此停止了，因此天下就治理了。

▲原文

故鬼神之明，不可為幽間廣澤，山林深谷，鬼神之明必知之。鬼神之罰，不可為富貴眾強，勇力強武，堅甲利兵，鬼神之罰必勝之。

若以為不然，昔者夏王桀，貴為天子，富有天下，上詬天

侮鬼[1]，下殃殺天下之萬民，祥上帝伐[2]，亢上帝行[3]。故於此乎天乃使湯至明罰焉。湯以車九兩[4]，鳥陳雁行。湯乘大贊[5]，犯逐夏眾，入之郊遂，王乎禽推哆、大戲[6]。故昔夏王桀，貴為天子，富有天下，有勇力之人推哆、大戲，生列兕虎，指畫殺人。人民之眾兆億，侯盈厥澤陵，然不能以此圉鬼神之誅[7]。此吾所謂鬼神之罰，不可為富貴眾強、勇力強武、堅甲利兵者，此也。

且不惟此為然，昔者殷王紂，貴為天子，富有天下，上詬天侮鬼，下殃殺天下之萬民，播棄黎老，賊誅孩子，焚炙無罪，刳剔孕婦，庶舊鰥寡[8]，號咷無告也。故於此乎天乃使武王至明罰焉。武王以擇車百兩，虎賁之卒四百人，先庶國節窺戎，與殷人戰乎牧之野。王乎禽費中、惡來，眾畔百走，武王逐奔入宮，萬年梓株折紂，而繫之赤環，載之白旗，以為天下諸侯僇。故昔者殷王紂，貴為天子，富有天下，有勇力之人費中、惡來、崇侯虎，指寡殺人[9]。人民之眾兆億，侯盈厥澤陵，然不能以此圉鬼神之誅。此吾所謂鬼神之罰，不可為富貴眾強、勇力強武、堅甲利兵者，此也。且《禽艾》之道之曰：「得璣無小[10]，滅宗無大。」則此言鬼神之所賞，無小必賞之；鬼神之所罰，無大必罰之。

注釋

①詬天：咒罵上天。
②祥：「戕」的假借字。
③亢上：即「抗上」，違抗上天。
④九兩：即「九輛」。
⑤大贊：猶「大棧」，沒有漆過的木質車。
⑥乎禽：當為「手擒」。
⑦圉（ㄩˇ）：同「禦」，抵禦。

⑧庶舊：當為「蹠躪」，踐踏。

⑨指寡殺人：即「指畫殺人」。

⑩璣：當為「禨」（ㄐㄧ）之誤。　即「禨」，吉祥。祭祀鬼神，祈求福澤。

譯文

　　所以對鬼神之明，人不能倚恃幽間廣澤山林深谷而為非作歹，因為鬼神炯炯的目光在注視著，無不察看得一清二楚。對鬼神之罰，不能憑藉富貴、人多強大、勇猛頑強、堅甲和銳利兵器，因為鬼神之罰必能戰勝這些。

　　如果認為不是這樣，從前的夏王桀，貴為天子，富有天下，對上咒　天帝、侮辱鬼神，對下殘害天下的萬民，破壞上帝建樹之功，抗拒上帝指示之道。上天於是使商湯向他致以明罰。湯帶領戰車九輛，分佈鳥陣，士卒雁行。湯乘坐沒有油漆過的木質車，指揮部隊追逐夏朝的軍隊，湯所率之軍到達於遂，將遂攻克。商王於是親手捉住了推哆、大戲。從前的夏王桀，貴為天子，富有天下，擁有有勇力的將領推哆、大戲，他們能活生生地把牛和老虎撕裂，指點之間，就能殺死人。他的山陵水澤都充滿了人，然而卻不能借此抵抗鬼神的誅罰。這就是我所說的鬼神的誅罰，不可能憑藉富貴、人多勢眾、勇猛強武、堅甲和銳利武器來加以抵抗的道理。

　　並且不只夏桀是這樣，從前的殷王紂，也是貴為天子，富有天下，但他對上咒　上天，侮辱鬼神，對下殘害天下的萬民，遺棄老人，屠殺孩子，用炮烤之刑焚炙無罪的人，剖開孕婦之胎，迫害家族故舊，鰥夫寡婦，人們大聲啼哭無處可以訴說。所以在這個時候，上天就使周武王向商紂致以明罰。武王用精選的戰車一百輛，虎賁勇士四百人，親自作為同盟諸國軍將之先驅，去觀察敵情。在牧野這個地方與殷商的部隊開戰。武王

於是擒獲了費中、惡來，殷軍潰散逃走，武王追趕他們奔入殷宮，在萬年梓株中斬了紂王的頭，把頭繫在紅色的環上，用白旗載著，因而完成了為天下諸侯誅滅商紂的功業。從前的殷王紂，貴為天子，富有天下，又有勇敢的將領費中、惡來、崇侯虎，指點之間就能殺死人。他的民眾之多成兆成億，佈滿了水澤陸地，然而不能借此抵抗鬼神的誅殺。這就是我所說的鬼神的懲罰，不可憑藉富貴、人多勢眾、勇猛強武、堅甲和銳利武器而加以抵抗的道理。並且《逸周書》的《禽艾》篇說過：「得到吉祥的，不論地位多麼微小；得到滅族的，不管地位多麼顯赫。」這就是說鬼神所賞賜的，無論人的身份地位如何微賤，一定獎賞；鬼神所懲罰的，無論人的身份地位如何高貴，一定懲罰。

原文

今執無鬼者曰：意不忠親之利①，而害為孝子乎？

子墨子曰：古之今之為鬼，非他也，有天鬼，亦有山水鬼神者，亦有人死而為鬼者。今有子先其父死，弟先其兄死者矣。意雖使然，然而天下之陳物，曰：「先生者先死。」若是，則先死者非父則母，非兄而姒也②。今潔為酒醴粢盛，以敬慎祭祀，若使鬼神請有，是得其父母姒兄而飲食之也，豈非厚利哉！若使鬼神請亡，是乃費其所為酒醴粢盛之財耳；且夫費之，非特注之汙壑而棄之也，內者宗族，外者鄉里，皆得如具飲食之；雖使鬼神請亡，此猶可以合歡聚眾，取親於鄉里。

今執無鬼者言曰：鬼神者，固請無有。是以不共其酒醴③、粢盛、犧牲之財。吾非乃今愛其酒醴、粢盛、犧牲之財乎？其所得者，且將何哉？此上逆聖王之書，內逆民人孝子之行，而為上士於天下，此非所以為上士之道也。是故子墨子曰：今吾為祭祀也，非直注之汙壑而棄之也，上以交鬼神之福④，下以

合歡聚眾，取親乎鄉里。若鬼神有，則是得吾父母弟兄而食之也。則此豈非天下利事也哉！是故子墨子曰：今天下之王公大人、士君子，中實將欲求興天下之利，除天下之害，當若鬼神之有也，將不可不尊明也⑤，聖王之道也。

注釋

①意：通「抑」，抑或，或許。
②姒（ㄙˋ）：姐姐。
③共：通「供」。
④交：通「邀」，求取，取得。
⑤尊：同「遵」，遵照。

譯文

現在主張無鬼的人說：或許不符合父母親的利益，卻有害於作孝子嗎？

墨子說：古今所說的鬼神，不是指其他，有天鬼天神，也有山水之鬼神，也有人死後成為鬼神的。現在有個兒子死在他父親之前，有個弟弟比他兄長先死。也許是這個事實，可是天下之人陳述故事時，總是說：「先出生的會先死。」假如這樣，那麼先死的不是父親就是母親了，不是兄長就是姐姐了。現在把祭祀的甜酒和盛在祭器中的黍稷弄得潔淨，用以謹慎地祭祀，假如鬼神確實存在，這樣他逝去的父母、姐兄就能得到享祭，並且能吃喝它，難道不是豐厚的利益嗎！假如鬼神確實不存在，這不過是浪費他製作的酒和盛在祭器中黍稷的一點資財而已；可是那樣的花費，並非就像傾注於髒水溝那樣廢棄掉，同一宗族的人和同一鄉里之人，都能得到吃喝；即使鬼神確實沒有，透過祭祀鬼神，還可以達到聚眾聯歡，使鄉里之人親密

的效果。

現在主張無鬼的人說：鬼神確實沒有，所以不供奉酒食、牲畜等祭品，我現在不是吝嗇這些祭品，而是想到，我將會從中得到什麼呢？他們這種言行，對上違背了聖王的書籍，對下違背了作為一個人、作為一個孝子的品行，卻希望在世上做一名品德高尚的士人，這是背道而馳了。因此墨子說：現在我們用作祭祀，不僅只是倒到污水溝中丟掉，而是在上可以取得鬼神的賜福，在下可以達到聚眾聯歡，使鄉里之人親密團結。如果鬼神存在，那麼也可使我們的父母得到享祭而吃喝它，那麼這難道不是於天下大利的事情嗎！所以墨子說：現在天下的王公大人、士大夫君子們，內心確實想要追求興起天下的大利，除去天下的公害，對於鬼神存在的說法，當不可不遵照和明確，這是聖王的主張呀！

◎非樂上

題解

「非樂」就是反對和譴責進行音樂活動。按墨子的觀點，音樂是一種純粹的娛樂活動，從實用的角度講，它對國計民生毫無用處，所以得出「為樂，非也」的結論。其實，這是小生產者狹隘的觀點，是典型的以偏概全。《非樂》原有上、中、下三篇，後兩篇已佚。

▶原文

　　子墨子言曰：仁者之事，必務求興天下之利，除天下之害，將以為法乎天下^①，利人乎即為，不利人乎即止。且夫仁者之為天下度也^②，非為其目之所美，耳之所樂，口之所甘，身體之所安。以此虧奪民衣食之財^③，仁者弗為也。

　　是故子墨子之所以非樂者，非以大鐘、鳴鼓、琴瑟、竽笙之聲，以為不樂也；非以刻鏤、文章之色，以為不美也；非以豢煎炙之味^④，以為不甘也；非以高臺、厚榭、邃野之居^⑤，以為不安也。雖身知其安也，口知其甘也，目知其美也，耳知其樂也，然上考之^⑥，不中聖王之事；下度之，不中萬民之利。是故子墨子曰：為樂，非也！

注釋

　　①將：用。
　　②度：考慮，打算。
　　③虧奪：損傷，奪取。
　　④豢：餵養牲口。
　　⑤邃（ㄙㄨㄟˋ）野：寬大的屋宇。
　　⑥考：考察。

譯文

　　墨子說：仁者的行事，務必在追求興起天下的大利，除去天下的公害，以此作為天下的法則，有利於人的，就去做；不利於人的，就停止不做。並且仁者替天下打算，不是為了他的眼睛看的美，耳朵聽的樂，嘴裡吃的甜，身體感到舒服。像這樣去損害強取老百姓衣食資財的，仁者是不會做的。

　　因此墨子反對音樂的原因，不是對大鐘、鳴鼓、琴瑟、竽

笙的聲音，認為不快樂；不是對雕刻的花紋、文采的顏色，認為不美麗；不是對豢養的牛羊豬的肉煎炙後的味道，認為不甜美；不是對高臺、厚榭、深遠的居處，認為不安適。即使親身知道那樣安適，口裡知道那樣甘甜，眼睛知道那樣美麗，耳朵知道那樣快樂，可是往上去考察，不符合聖王的事實；向下打算，不符合萬民的利益。所以墨子說：從事音樂是不對的！

原文

今王公大人，雖無造為樂器①，以為事乎國家，非直掊潦水②、折壤坦而為之也③，將必厚措斂乎萬民，以為大鐘、鳴鼓、琴瑟、竽笙之聲。古者聖王，亦嘗厚措斂乎萬民，以為舟車。既以成矣，曰：「吾將惡許用之？」曰：「舟用之水，車用之陸，君子息其足焉，小人休其肩焉。」故萬民出財齎而予之④，不敢以為戚恨者，何也？以其反中民之利也⑤。然則樂器反中民之利，亦若此，即我弗敢非也；然則當用樂器，譬之若聖王之為舟車也，即我弗敢非也。

民有三患，饑者不得食，寒者不得衣，勞者不得息。三者，民之巨患也。然即當為之撞巨鐘、擊鳴鼓、彈琴瑟、吹竽笙而揚干戚，民衣食之財，將安可得乎？即我以為未必然也⑥。意舍此，今有大國即攻小國，有大家即伐小家，強劫弱，眾暴寡，詐欺愚，貴傲賤，寇亂盜賊並興，不可禁止也。然即當為之撞巨鐘、擊鳴鼓、彈琴瑟、吹竽笙而揚干戚，天下之亂也，將安可得而治與？即我以為未必然也。

是故子墨子曰：姑嘗厚措斂乎萬民，以為大鐘、鳴鼓、琴瑟、竽笙之聲。以求興天下之利，除天下之害，而無補也。是故子墨子曰：為樂，非也！

注釋

①雖無：語氣助詞，猶「唯無」。
②捪：扒取。　潦水：積水。
③折：當為「拆」。　坦：當為「垣」。
④齎（ㄐㄧ）：送物給人。
⑤中：符合。
⑥即：則。

譯文

　　現在的王公大人，在國中以製作樂器為能事，可是製作樂器並非只是像扒取潦水和拆土牆那樣就能做成的，而必將向百姓大量收取賦稅，以此製作大鐘、鳴鼓、琴瑟、竽笙等樂器。古代的聖王，也曾向百姓大量收取賦稅，製造船隻和車輛，既已製成了，就說：「我們將怎樣利用它們？」他們自己又說：「船使用在水裡，車使用在陸地，君子可使他的雙腳得以休息，小人可使他的雙肩得以休息。」所以萬民拿出錢和財恭送給聖王，不敢以此為憂戚怨恨的原因，是什麼原因呢？是因為它反而符合百姓的利益。那麼樂器反而符合百姓的利益，如果也是這樣的話，那我是不敢非議的；若說對於使用樂器，像聖王製造車船一樣，那麼我是不敢指責的。

　　人民有三種憂患：饑餓時得不到食物，寒冷時得不到衣物，勞苦時得不到休息。這三者是人民最大的憂患。既然這樣，那麼假如去撞擊巨鐘，敲打鳴鼓，彈奏琴瑟，吹起竽笙，並且揮舞盾牌、斧頭，那麼天下百姓的衣食財物，將能從中得到嗎？我則認為未必如此。或者拋開這個例子不說，再舉一例。假如有大國攻打小國，有大家族討伐小家族，強盛的劫持弱小的，眾多的殘害人少的，奸詐的欺騙愚昧的，高貴的傲視低賤的，敵寇、暴亂、盜賊並起，不可禁止。當此之時，為之撞擊大鐘、

敲擊鳴鼓、彈奏琴瑟、吹響竽笙並且揮舞盾牌、斧頭，那麼天下的混亂，難道能夠治理嗎？我則認為未必如此。

因此墨子說：姑且試著向萬民大量收取賦稅，製作大鐘、鳴鼓、琴瑟、竽笙等樂器，用以追求興起天下的大利，除去天下的公害，這是毫無好處的。因此墨子說：從事音樂是不對的！

原文

今王公大人，唯毋處高臺厚榭（ㄒㄧㄝ ˋ）之上而視之，鐘猶是延鼎也[①]，弗撞擊，將何樂得焉哉！其說將必撞擊之。惟勿撞擊[②]，將必不使老與遲者。老與遲者，耳目不聰明，股肱不畢強，聲不和調，明不轉抃[③]。將必使當年，因其耳目之聰明，股肱之畢強，聲之和調，明之轉抃。使丈夫為之，廢丈夫耕稼樹藝之時；使婦人為之，廢婦人紡績織紝之事。今王公大人，唯毋為樂，虧奪民衣食之財，以拊樂如此多也[④]。是故子墨子曰：為樂，非也！

注釋

①延鼎：倒覆之鼎。

②惟勿：語氣助詞，同「唯毋」。

③抃（ㄅㄧㄢ ˋ）：轉動。拍手、鼓掌。

④拊（ㄈㄨ ˇ）：擊。撫摸、拍打。

譯文

現在的王公大人，站在高臺厚榭上去看，大鐘如同倒覆的鼎一般，不去撞擊，會得到什麼樂趣呢？那樣說來，必定撞擊它。要去撞擊，將必定不會派老頭跟幼稚的人。老頭跟幼稚的人，耳不聰，目不明，四肢不很強壯，聲音不能調和，明眸不

能轉動。將一定會使用壯年，因為他們耳朵靈敏，眼睛明亮，
四肢都很強壯，聲音也很和諧，明眸能轉動自如。派壯年男子
去做這些事，就要耽誤他們耕種、栽樹、種菜的時光；派女人
去做這些事，就會耽誤她們紡紗、績麻、織布的事情。現在的
王公大人，從事音樂，損害強取老百姓穿衣吃飯的錢財，而如
此大肆地演奏樂器。因此墨子說：從事音樂是不對的！

▶原文

今大鐘、鳴鼓、琴瑟、竽笙之聲，既已具矣，大人鏽然奏
而獨聽之①，將何樂得焉哉？其說將必與人，不與君子，則與
賤人。與君子聽之，廢君子聽治②；與賤人聽之，廢賤人之從事。
今王公大人，惟毋為樂，虧奪民之衣食之財，以拊樂如此多也。
是故子墨子曰：為樂，非也！

注釋

①鏽：同「肅」，肅然。
②聽治：處理政事。

譯文

現在大鐘、鳴鼓、琴瑟、竽笙等樂器，既已置辦了，大人
先生們肅然獨自聽奏音樂，那麼能得到什麼樂趣呢？他們必定
將與別人一起聽奏，不是與君子們聽，就是與下賤的人們聽。
與君子們聽音樂，就荒廢了君子們處理政務；與下賤的人們聽
音樂，就荒廢了賤人們所從事的工作。現今的王公大人，從事
音樂，損害強取百姓們穿衣吃飯的錢財，而大肆地演奏樂器。
因此墨子說：從事音樂是不對的！

原文

昔者齊康公,興樂萬[1],萬人不可衣短褐,不可食糠糟,曰:「食飲不美,面目顏色,不足視也;衣服不美,身體從容,不足觀也。」是以食必粱肉,衣必文繡。此掌不從事乎衣食之財[2],而掌食乎人者也。是故子墨子曰:今王公大人,惟毋為樂,虧奪民衣食之財,以拊樂如此多也。是故子墨子曰:為樂,非也!

注釋

①萬:古代一種舞蹈。
②掌:常。

譯文

從前的齊康公,設計了一種叫「萬」的舞蹈,跳萬舞的人不可能穿粗布衣服,不可能吃粗糙的糟糠,他說:「飲食不甜美,面孔臉色就不值得觀看了;衣服不華美,身體動作就不值得觀看了。」因此吃的必定是精美的飯菜;穿的衣服,必定是華麗的刺繡衣裳。這種從事舞樂之人,不是經常進行衣食之財的生產,卻常常依賴別人供給衣食。因此墨子說:現在的王公大人,從事音樂,損害強取百姓們穿衣吃飯的錢財,而大肆地演奏樂器。因此墨子說:從事音樂是不對的!

原文

今人固與禽獸、麋鹿、蜚鳥[1]、貞蟲異者也。今之禽獸、麋鹿、蜚鳥、貞蟲,因其羽毛,以為衣裳;因其蹄蚤,以為絝屨;因其水草,以為飲食。故唯使雄不耕稼樹藝,雌不紡績織紝,

衣食之財，固已具矣。今人與此異者也，賴其力者生，不賴其力者不生。君子不強聽治，即刑政亂；賤人不強從事，即財用不足。今天下之士君子，以吾言不然；然即姑嘗數天下分事，而觀樂之害。王公大人，蚤朝晏退②，聽獄治政，此其分事也。士君子竭股肱之力，亶其思慮之智，內治官府，外收斂關市、山林、澤梁之利，以實倉廩府庫，此其分事也。農夫蚤出暮入，耕稼樹藝，多聚叔粟，此其分事也。婦人夙興夜寐，紡績織紝，多治麻絲葛緒布繰③，此其分事也。今惟毋在乎王公大人，說樂而聽之④，即必不能蚤朝晏退，聽獄治政，是故國家亂而社稷危矣！今惟毋在乎士君子，說樂而聽之，即必不能竭股肱之力，亶其思慮之智，內治官府，外收斂關市、山林、澤梁之利，以實倉廩府庫，是故倉廩府庫不實。今惟毋在乎農夫，說樂而聽之，即必不能蚤出暮入，耕稼樹藝，多聚叔粟，是故叔粟不足。今惟毋在乎婦人，說樂而聽之，即必不能夙興夜寐，紡績織紝，多治麻絲葛緒布繰，是故布繰不興。孰為而廢大人之聽治、賤人之從事？曰：「樂也。」是故子墨子曰：為樂，非也！

注釋

　　①蜚鳥：即「飛鳥」。

　　②蚤：通「早」。　晏（一ㄢˋ）：晚。

　　③紝（ㄖㄣˋ）：織布帛的絲縷。　絍（ㄎㄨㄣˇ）：紡織。
繰（ㄗㄠˇ）：絹帛。

　　④說樂：喜好音樂。說，通「悅」。

譯文

　　當今，人確實與禽獸、麋鹿、飛鳥、爬蟲不一樣。現在的禽獸、麋鹿、飛鳥和爬蟲，憑藉它的羽和毛，作為保暖的衣

裳;憑藉它的蹄爪,作為套褲和鞋;憑藉大地的水草,作為飲食的原料。所以即使雄的不耕種、栽培,雌的不紡紗、織布,穿衣吃飯的用度,本來就已具備了。現在的人跟這些動物不同的是,依賴自己的力量才能生存,不依賴自己的力量就不能生存下去。君子們不努力於治理政事,則刑法政事混亂;賤人們不努力從事工作,則財用不充足。現在天下的士大夫君子們,認為我說的不對。那麼姑且試舉天下人的分工之事,從而考察音樂的危害。王公大人,早上朝而晚退朝,聽獄斷案、治理政事,這是他們分工之事。士大夫君子們要竭盡全身的力氣,殫盡他們頭腦中的智慧,內治官府,外收關市、山林、澤梁的利益,用以充實倉廩府庫,這是他們分工之事。農夫早出晚歸,耕種莊稼、栽樹種菜,多收豆子粟米,這是他們分工之事。婦女們早起晚睡,紡紗、績麻、織布,多生產麻、絲、葛麻、紵(ㄓㄨˋ)麻和織造布帛,這是她們分工之事。如今身為王公大人,喜歡音樂而聽它,則必不能早朝晚退,聽獄治政,因此國家混亂而危險了!如今身為士大夫君子,喜歡音樂而聽它,則必不能竭盡全身的力氣,殫盡他頭腦中的智慧,內治官府,外收關市、山林、澤梁的利益,用以充實倉廩府庫,因此倉廩府庫不會充實。如今身為農夫,喜好音樂而聽它,則必不能早出晚歸,耕種莊稼、栽樹種菜,多收豆子粟米,因此豆子和粟米不會充足。如今身為婦女,喜好音樂而聽它,則必不能早起晚睡,紡紗、績麻、織布,多多生產麻、絲、葛麻、紵麻而織成布帛,因此布帛不能盛多。是什麼荒廢大人們的聽獄治政和賤人們所從事的勞作呢?回答說:「是音樂呀。」因此墨子說:從事音樂是不對的!

▲原文

何以知其然也?

曰：先王之書，湯之官刑有之。曰：「其恒舞於宮，是謂巫風。其刑：君子出絲二衛，小人否^①，似二伯。」《黃經》乃言曰：「嗚乎！舞佯佯，其言孔章，上帝弗常，九有以亡。上帝不順，降之百殃，其家必壞喪。」察九有之所以亡者，徒從飾樂也。於《武觀》曰：「啟子淫溢康樂，野於飲食，將將鍠鍠，管磬以方。湛湎於酒，渝食於野，萬舞翼翼，章聞於天，天用弗式^②。」故上者，天鬼弗式；下者，萬民弗利。

是故子墨子曰：今天下士君子，請將欲求興天下之利，除天下之害，當在樂之為物，將不可不禁而止也。

注釋

①否（ㄆㄧˇ）：通「倍」，加倍。
②式：法式。

譯文

憑什麼知道是這樣的呢？

回答道：先王的書籍，商湯所作的刑書中有這些記載。上面寫著：「常在房子裡跳舞，這就稱為『巫風』。那相應的刑罰是：君子們要交出兩束絲，小人則加倍，用兩匹帛。」《黃經》於是記載說：「哎呀！舞洋洋，那聲音很明顯，上帝不保佑，九州因此而滅亡。上帝不順心，降下多種災禍，他們的家族必定遭到破壞喪亡。」考察九州所以滅亡的原因，都是因為追隨文飾音樂呀。在逸書《武觀》中說：「夏啟的兒子荒淫安逸，耽於取樂，在野外飲宴，鏗鏘鍠鍠，弦管和磬聲一齊奏響。沉湎在酒裡，在野外傳送飲食，萬舞整齊悠閒，響徹雲天，上天因此不用為法式。」所以說對於上，天帝、鬼神不使用；對於下，萬民得不到什麼好處。

因此墨子說：現在天下的士大夫君子們，確實想要追求興起天下的大利，除去天下的公害，對於音樂這種東西，將不能不禁止了。

◎非命上

題解

「非命」就是對「天命」、「命運」等說法和主張進行責難和非議。墨子認為事在人為，與天命無關。這一觀點是墨子學說中最積極、最具唯物主義色彩的一個內容。全文用古代聖王的事蹟，用老百姓的耳目之實，以國家的利益為依據，駁斥和批判了「命定」之說。全文分上、中、下三篇，今選錄上篇。

▶原文

子墨子言曰：古者王公大人為政國家者，皆欲國家之富，人民之眾，刑政之治。然而不得富而得貧，不得眾而得寡，不得治而得亂，則是本失其所欲，得其所惡，是故何也①？

子墨子言曰：以執有命者雜於民間者眾②。執有命者之言曰：「命富則富，命貧則貧；命眾則眾，命寡則寡；命治則治，命亂則亂；命壽則壽，命夭則夭③，命，雖強勁，何益哉？」上以說王公大人，下以駔百姓之從事④，故執有命者不仁。故當執有命者之言，不可不明辨。

注釋

①是故何也：即「是何故也」，其原因是什麼呢。
②以：因為。　雜：雜居。
③夭：短命，未成年而死。
④詛（ㄗㄨˇ）：「阻」的通假字，阻撓。

譯文

　　墨子說：古代的王公大人在國內施政，都希望國家富裕，人民眾多，刑法政事治理有序。可是得不到富裕卻得到了貧窮，得不到人口多卻使人口減少，得不到治理有序卻得到了混亂，那麼，這是從根本上失去了他所希望的，得到了他所憎惡的，這是什麼原因呢？

　　墨子說：這是因為主張有命論的雜處在民間的人太多了。主張有命論的人說：「命裡富裕就會富裕，命裡貧困就會貧困；命裡人多就會人多，命裡人少就會人少；命裡治理就會治理，命裡混亂就會混亂；命裡高　就會高　　，命裡夭折就會夭折；這都取決於命，即使強大有力，又有什麼用處呢？」他們在上用以向王公大人遊說，在下用以阻礙老百姓從事勞動，所以說主張有命論的人是不仁的。所以對於主張有命論的人的言論，不可不明白地加以辨別。

原文

　　然則明辨此之說，將奈何哉？子墨子曰：言必立儀①。言而毋儀，譬猶運鈞之上②，而立朝夕者也③，是非利害之辨，不可得而明知也。故言必有三表④。何謂三表？子墨子言曰：有本之者，有原之者，有用之者。於何本之？上本之於古者聖王之事；於何原之？下原察百姓耳目之實；於何用之？廢以為刑

政，觀其中國家百姓人民之利。此所謂言有三表也。

注釋

①言必立儀：議論必定要樹立一定的標準。

②運鈞：正在運動的製作陶器的轉輪。

③立朝夕：設立測定朝夕（時辰）的儀器。

④表：標準。

譯文

　　既然這樣，那麼應怎樣去明辨有命論之說呢？墨子說：討論必須建立一個標準。說話沒有準則譬如在轉動著的鈞輪之上卻要確定日影，以定時辰，其是與非，利與害的辨別不清，是明擺著的事。所以說言論必須有三種標準。什麼是三個標準？墨子說：有考察其本始的，有審度其事實的，有運用於實踐的。從哪兒考察？追溯古代聖王的事蹟去考察本始；從哪兒去審度？向下審察老百姓耳聞目見的事實；從什麼地方去運用？變為治理刑獄和政務的措施，看看它是否符合國家、百姓的利益。這就是所謂的言論有三個標準。

原文

　　然而今天下之士君子，或以命為有，蓋嘗尚觀於聖王之事①？古者桀之所亂，湯受而治之；紂之所亂，武王受而治之。此世未易，民未渝，在於桀、紂，則天下亂；在於湯、武，則天下治。豈可謂有命哉！

　　然而今天下之士君子，或以命為有，蓋嘗尚觀於先王之書？先王之書，所以為政國家、佈施百姓者，憲也；先王之憲亦嘗有曰「福不可請，而禍不可諱，敬無益，暴無傷」者乎？

所以聽獄制罪者，刑也。先王之刑亦嘗有曰「福不可請，禍不可諱，敬無益，暴無傷」者乎？所以整設師旅、進退師徒者②，誓也；先王之誓亦嘗有曰「福不可請，禍不可諱，敬無益，暴無傷」者乎？是故子墨子言曰：吾當未塩數③，天下之良書，不可盡計數，大方論數，而三者是也。今雖毋求執有命者之言，必不得，不亦可錯乎？

譯文

　　但是如今天下的士大夫君子們，有人認為命運存在，何不試著向上看看聖王的事蹟？古時候夏桀所擾亂了的社會，湯繼承下來把它治理好；商紂搞亂的社會，武王繼承下來把它治理好。這裡社會沒有變換，人民沒有變化，在桀、紂手裡，那麼天下就混亂；在湯王、武王手裡，那麼天下就治理。難道可以說這是有命嗎！

　　但是如今天下的士大夫君子們，有人認為命運存在，何不試著向上看看先王的書籍？古代聖王的書籍中，其中國家制定出的、頒佈施行到全國百姓中去的，就是國家的法令。古代聖王的法令中，也曾經說過像「幸福不能求得而災難不可避免，恭敬沒有益處，兇暴也沒有害處」這樣的話嗎？用以審理官司和制裁犯罪者的，是國家的刑法。古代聖王的刑法中，曾經有「幸福不能求得，災難不可避免，恭敬沒有益處，兇暴沒有害處」這樣的話嗎？用以整治軍隊和進退將士的，是國家的軍令。

古代聖王的軍令中，曾經說過「幸福不可求得，災禍不可避免，恭敬沒有益處，兇暴沒有害處」這樣的話嗎？因此墨子說：我還無暇統計天下的好書有多少種，天下的好書是不可能全部統計的，大體說來，上述三類是這樣記載的。如今研究主張有命論人的言論，其言必無根據，不是可以放棄嗎？

▌原文

今用執有命者之言，是覆天下之義①。覆天下之義者，是立命者也，百姓之誶也②。說百姓之誶者，是滅天下之人也。然則所為欲義人在上者，何也？曰：義人在上，天下必治，上帝、山川、鬼神，必有幹主，萬民被其大利③。何以知之？子墨子曰：古者湯封於亳，絕長繼短，方地百里，與其百姓兼相愛，交相利，移則分，率其百姓以上尊天事鬼，是以天鬼富之，諸侯與之，百姓親之，賢士歸之，未歿其世而王天下，政諸侯④。

昔者文王封於岐周，絕長繼短，方地百里，與其百姓兼相愛，交相利，移則分。是以近者安其政，遠者歸其德。聞文王者，皆起而趨之；罷不肖、股肱不利者，處而願之，曰：「奈何乎使文王之地及人，則吾被其利，豈不亦猶文王之民也哉！」是以天鬼富之，諸侯與之，百姓親之，賢士歸之。未歿其世而王天下，政諸侯。

鄉者言曰：義人在上，天下必治，上帝、山川、鬼神，必有幹主，萬民被其大利。吾用此知之⑤。

注釋

①覆：敗壞。
②誶（ㄙㄨㄟˋ）：悲傷。

③被：通「披」，接受，承受。
④政：通「正」，統治、治理。
⑤用此：因此。

譯文

現在如果採用主張有命論的人之言論，就會敗壞天下的道義。敗壞天下的道義，這是由於主張有命的人，成為百姓的憂患。以百姓之憂為樂的人，是毀滅天下的人。既然這樣，那麼所以希望主持道義的人在上位，是為什麼呢？回答說：主持道義的人在上位，天下必定治理，上帝、山川、鬼神以義人為依靠的主體，萬民享受種種大利。憑什麼知道是這樣？墨子說：古時的商湯被封於亳地，取長補短，土地方圓百里，跟他的百姓兼互相愛，交互有利，多餘的就分給別人，率領他的百姓，用以上尊天帝，侍奉鬼神，因此天帝、鬼神使他富裕起來，諸侯親附他，老百姓親近他，賢士們歸向他，在他沒有死的時候，就統一了天下，做了諸侯的君主。

從前周文王受封在岐周，取長補短，土地方圓百里，跟他的百姓們普遍相愛，交互相利，多餘的與人分享。因此附近的人安於他的政事，遠方的人懷念他的德行。聽到文王名字的人，都來投奔他；軟弱無能、才能低下的人和手腳不便的人，雖身處原地，卻盼望而傾慕他，說：「如何才能使文王的領土擴展到我們所處之地，那麼我們也被他的大利所覆蓋，難道不也成為文王的民眾了麼！」因此天帝、鬼神使文王富裕，諸侯們親附他，老百姓親近他，賢士們歸向他。在他活著的時候，就統一了天下，成為諸侯的君主。

我以前說過：主持道義的人在上位，天下必定治理，上帝、山川、鬼神，必定會有主祭的人，萬民要被他的大利所覆蓋。我因此知道是這個道理。

▌原文

　　是故古之聖王，發憲出令，設以為賞罰以勸賢沮暴。是以入則孝慈於親戚，出則弟長於鄉里①，坐處有度②，出入有節，男女有辨。是故使治官府，則不盜竊；守城，則不崩叛③；君有難則死，出亡則送。此上之所賞，而百姓之所譽也。

　　執有命者之言曰：上之所賞，命固且賞，非賢故賞也；上之所罰，命固且罰，不暴故罰也。是故入則不慈孝於親戚，出則不弟長於鄉里，坐處不度，出入無節，男女無辨。是故治官府，則盜竊；守城，則崩叛；君有難則不死，出亡則不送。此上之所罰，百姓之所非毀也④。執有命者言曰：上之所罰，命固且罰，不暴故罰也；上之所賞，命固且賞，非賢固賞也。以此為君則不義，為臣則不忠，為父則不慈，為子則不孝，為兄則不良，為弟則不弟。而強執此者，此特凶言之所自生，而暴人之道也！

注釋

　　①弟：通「悌」，敬重長者。
　　②坐處：舉止。
　　③崩叛：即背叛。
　　④非毀：非難詆毀。

譯文

　　因此古代的聖王，頒佈憲法發出政令，建立了賞罰制度來鼓勵賢良，阻止暴虐。因此賢良在家庭能孝上慈下，在鄉里能敬重長輩。舉止有規矩，男女有別。因此使他們治理官府，則不盜竊；使他們守衛城郭，則不背叛；君主有難則可殉職，君主出逃，則會護送。這是上司所獎賞，而百姓所讚美的。

主張有命論的人的言論是：上司所獎賞的，是命中本來將
得獎賞；上司所懲罰的，是命中本來該受懲罰，不是因為暴虐
的緣故而得到懲罰。所以他們在家庭不能孝上慈下，在鄉里不
能敬重長輩；居坐無度，出入無節，男女無別。因此他們治理
官府，則盜竊；守衛城郭，則背叛；君主有難，則不盡忠殉職，
君主出逃，則不會護送。這就是上司所懲罰，而百姓所指責的。
主張有命論的人說：上司所懲罰的，是命運本將該罰，不是因
為暴虐的緣故而得到懲罰；上司所獎賞的，是命運本該獎賞，
不是因為賢良的緣故而得到獎賞。按這個標準去做人君，那麼
就不義；去做人臣，那麼就不忠；去做人父，那麼就不慈；去
做人子，那麼就不孝；去做人兄，那麼就不良；去做人弟，那
麼就不悌。如果頑固地持此「有命」之說，這簡直是產生凶惡
禍害的根源，是暴徒的主張！

▶原文

　　然則何以知命之為暴人之道？昔上世之窮民，貪於飲食，
惰於從事，是以衣食之財不足，而饑寒凍餒之憂至；不知曰我
罷不肖，從事不疾，必曰我命固且貧。昔上世暴王，不忍其耳
目之淫，心志之辟①，不順其親戚，遂以亡失國家，傾覆社稷；
不知曰我罷不肖，為政不善，必曰吾命固失之。於《仲虺之告》
曰：「我聞於夏人矯天命，布命於下。帝伐之惡，龔喪厥師②。」
此言湯之所以非桀之執有命也。於《太誓》曰：「紂夷處，不
肯事上帝鬼神，棄厥先神禔不祀，乃曰：『吾有命。』無廖其務，
天亦縱棄之而弗葆。」此言武王之所以非紂執有命也。

　　今用執有命者之言，則上不聽治，下不從事。上不聽治，
則刑政亂；下不從事，則財用不足；上無以供粢盛酒醴祭祀上
帝鬼神，下無以降綏天下賢可之士，外無以應待諸侯之賓客，
內無以食饑衣寒，將養老弱③。故命上不利於天，中不利於鬼，

下不利於人。而強執此者，此特凶言之所自生，而暴人之道也！

注釋

①辟：通「僻」，邪僻。
②龔：當作「用」，因此。
③將養：撫養。

　　既然這樣，那麼如何知道有命論是暴徒的主張？從前上古的窮苦百姓，對飲食貪婪，對從事的勞作懈怠，因此穿衣吃飯的資財不充足，而饑寒凍餒的憂患來了；不知道說是我們疲弱無能，從事勞動不勤快，而一定要說是我的命運本將該貧。從前上世的暴君，不能克制耳目的奢欲，心計的邪僻，不順從其父母雙親，於是使國家覆亡，社稷傾覆；不知道說是我自己疲弱無能，施政不善，而一定要說是我的命運本來註定要失掉天下。在《仲虺之誥》中曾說：「我聽說夏王朝偽造天命，把天命布達給天下。上帝討伐他的罪惡，因而失去了他的民眾。」這是說明周武王之所以反對商紂主張有命論的原因。在《泰誓》中說：「紂王傲慢不恭順，不肯敬奉上帝和鬼神，遺棄其祖先，不去祭祀，反而說：『我有好命運。』不去努力從事其政務，上天因而拋棄他不保佑。」這說的是周武王反對商紂王主張有命論的事情。

　　如果現在相信那些主張有命論人的話，那麼君上就不用審理政事了，百姓也不用做事情了。君上不審理政事就會導致法律政治混亂，百姓不做事情就會導致錢財物品的匱乏。對上，不能提供盛在祭器中的黍稷和甜酒來祭祀上帝、鬼神；對下，不能安撫天下賢能的士人；對外，不能接待諸侯派來的賓客；

對內，不能使饑者有飯吃，使寒者有衣穿，不能扶老養弱。所以說有命論是上不利於天帝，中不利於鬼神，下不利於人民。可是卻要強行主張這個有命論，這簡直是產生凶害的根源，是暴徒的主張！

▌原文

是故子墨子言曰：今天下之士君子，忠實欲天下之富而惡其貧，欲天下之治而惡其亂，執有命者之言，不可不非。此天下之大害也。

譯文

所以墨子說：如今天下的士君子們，內心確實希望天下富足而討厭天下貧困，喜歡天下治理而厭惡天下混亂，對主張有命論的人的言論，就不能不去反對了。有命論是天下的大害呀。

◎非儒下

題解

「非儒」即對於儒家學說及其言行進行指責、非難。全篇對儒家所主張的婚喪禮儀，孔子的處事傳聞及儒家的觀點進行諷刺和詰難。《非儒》原有上、中、下三篇，前兩篇已佚。

▶原文

儒者曰：「親親有術①，尊賢有等。」言親疏尊卑之異也②。其《禮》曰：喪，父母，三年；妻、後子，三年；伯父、叔父、弟兄、庶子，其；戚族人，五月。若以親疏為歲月之數，則親者多而疏者少矣，是妻、後子與父同也。若以尊卑為歲月數，則是尊其妻、子與父母同，而親伯父、宗兄而卑子也。逆孰大焉？其親死，列屍弗斂③，登屋窺井，挑鼠穴，探滌器，而求其人矣，以為實在，則贛愚甚矣④；如其亡也必求焉，偽亦大矣！

注釋

①親親：喜愛親人。
②異：區別。
③斂：通「殮」，給死人穿衣入棺。
④贛：愚昧。

譯文

儒家的人說：「關愛親人有差別，尊重賢者有等級。」說的是對待親與疏、尊與卑的差別。他們的《儀禮》說：服喪的日期，父母死，三年；妻子和長子死，三年；伯父、叔父、弟兄、庶子死，一週年；外姓親戚死，五個月。如果以親疏來定服喪時間的長短，就該是親者長而疏者短。然而，按儒家的喪禮，那是親他的妻子、嫡長子和親他的父母一樣了。假如用尊卑來作為服喪時間的長短，那麼是尊敬他的妻子、兒子和父母相同，卻把同宗伯父、兄長看成如庶子一樣了。違背人倫還有什麼比這更大的呢？他們的父母雙親死了，把屍體陳放著，不給穿衣下棺。爬上屋頂，窺探水井，挑開鼠穴，洗滌器具，去尋找那

死去的人，認為還確實存在，那麼是戇愚到了極點！如果以為不存在了，卻一定要尋找死去的人，那麼虛偽也太大了！

▶ 原文

　　取妻身迎①，袟端為僕②，秉轡授綏，如仰嚴親；昏禮威儀③，如承祭祀。顛覆上下，悖逆父母，父母下則妻、子，妻、子上侵事親。若此，可謂孝乎？儒者曰：「迎妻，妻之奉祭祀，子將守宗廟。故重之。」應之曰：此誣言也！其宗兄守其先宗廟數十年，死，喪之其；兄弟之妻奉其先之祭祀，弗服；則喪妻子三年，必非以守宗廟、奉祭祀也。夫憂妻子以大負累，有曰：「所以重親也。」為欲厚所至私，輕所至重④，豈非大奸也哉！

注釋

　　①取妻：即「娶妻」。
　　②袟(ㄓ)端：衣服的黑色下邊，為「緇袡」之假借字。
　　③昏：通「婚」。
　　④輕：輕視。

譯文

　　娶妻子要親身迎娶，穿著黑色下緣的衣服充當駕車人，新郎拿著韁繩，並把登車用的引繩遞給新婦，如同侍奉嚴父；婚禮儀式隆重，宛如承受著祭祀的使命一樣。顛倒了上下關係，違背了父母禮節，將父母降低與妻子、兒子同等對待，將妻子、兒子抬高妨害對父母的侍奉。如果這樣的話，可以叫做孝順嗎？儒家的人說：「這樣迎娶妻子，是因為妻子將奉行祭祀，兒子將保守宗廟。所以看重他們。」我可以回答他說：這是胡

言亂語！他的宗兄守護著祖先 數十年，死了，為他服喪一周年；兄弟的妻子也侍奉他們祖先的祭祀卻不為她服喪；那麼妻子、長子死後為之服喪三年，那一定不是為了守護宗廟、奉行祭祀了。偏愛妻子和兒子，就已是犯了錯誤，又說：「是看重親人的緣故。」為了要厚待自己最偏愛的人，而輕薄關係最親厚的，這難道不是最大的奸詐嗎！

▶原文

有強執有命以說議曰①：「壽夭貧富，安危治亂，固有天命，不可損益。窮達、賞罰、幸否有極，人之知力，不能為焉！」群吏信之，則怠於分職；庶人信之，則怠於從事。吏不治則亂，農事緩則貧，貧且亂，倍政之本②，而儒者以為道數，是賊天下之人者也。

且夫繁飾禮樂以淫人，久喪偽哀以謾親，立命緩貧而高浩居，倍本棄事而安怠散，貪於飲食，惰於作務，陷於饑寒，危於凍餒，無以違之。是若人乞，鼸鼠藏③，而羝羊視，賁彘起。君子笑之，怒曰：「散人焉知良儒！」夫夏乞麥禾，五穀既收，大喪是隨，子姓皆從，得厭飲食。畢治數喪，足以至矣。因人之家以為翠，恃人之野以為尊，富人有喪，乃大說喜，曰：「此衣食之端也！」

注釋

①說議：辯說。
②倍：通「背」。
③鼸：田鼠。

譯文

又頑固堅持有命運的說法辯論說：「人的長壽、夭折、貧窮、富有，以及安定危險，治理混亂，本來是有天命的，不能增減。窮困、顯達、獎賞、懲罰，有幸、不幸，都有定數，人憑自己的智慧和力量，不能改變。」眾官吏聽信了這些話，則對於分內職事懈怠；老百姓聽信了這些話，就對工作怠慢。官吏不能治理，那麼就會混亂；農事遲緩，那麼就會貧困。又貧困又混亂，就與政治的根本目的相違背，而儒家的人卻以此作為教化之道，這就是賊害天下的人了。

並且用紛繁的禮樂去迷惑人，長久服喪偽裝悲哀去欺騙死去的親人，甘於貧困而倨傲自大，背棄本業而安於懶散，對於飲食很貪婪，對於做事卻很懶惰，陷入了饑寒凍餓的危險境地，沒有辦法避免。這些人像人中的乞丐，貪婪吝嗇就像田鼠藏糧食似的，生性好鬥就像公羊瞪眼一樣，暴躁憤怒就像野豬竄起一樣。君子笑話他們，他們卻發怒說：「平庸不材的人怎麼能理解賢明的儒者啊！」他們夏天向人乞討麥子稻穀，五穀既已收割完畢，接著有大辦喪事的，他們的子孫都跟著前往，能夠飽吃一陣。幾家的喪事都辦完了，他們也就吃得足了。倚仗辦喪事的人家來養肥自己，依靠別人的田野收入而妄自尊大，一旦富貴人家有喪事，就非常高興，說：「這是穿衣吃飯的來源呀！」

原文

儒者曰：「君子必古言服，然後仁。」應之曰：所謂古之言服者，皆嘗新矣，而古人言之服之，則非君子也？然則必服非君子之服，言非君子之言，而後仁乎？

又曰：「君子循而不作①。」應之曰：古者羿作弓，伃作甲，奚仲作車，巧垂作舟；然則今之鮑、函、車、匠，皆君子，而羿、

仔、奚仲、巧垂，皆小人邪？且其所循，人必或作之；然則其所循，皆小人道也。又曰：「君子勝不逐奔，掩函弗射，施則助之胥車②。」應之曰：若皆仁人也，則無說而相與；仁人以其取捨、是非之理相告，無故從有故也，弗知從有知也，無辭必服，見善必遷，何故相與？若兩暴交爭，其勝者欲不逐奔，掩函弗射，施則助之胥車，雖盡能，猶且不得為君子也，意暴殘之國也③。聖人將為世除害，興師誅罰，勝將因用儒術令士卒曰：「毋逐奔，掩函勿射，施則助之胥車。」暴亂之人也得活，天下害不除，是為群殘父母而深賊世也，不義莫大矣！

注釋

①循而不作：因循前人的作為而不再去創新。
②胥(ㄒㄩ)車：一種戰車。
③意：通「抑」，抑或，也許。

譯文

　　儒家的人說：「君子必須說古時的話，穿古時的衣服，然後才稱得上是具有仁德修養的人。」我可以應答他們說：所謂古時的話，古時的衣服，開頭都曾經是新的，可是古人卻說那時的新話，穿那時的新衣，那麼就不是君子了嗎？既然這樣，那麼必定要穿不是君子所穿的衣服，要說不是君子所說的話，而後才能算是仁？

　　儒家的人又說：「君子只遵循前人的作為而不創新。」我可以應答他們說：古時的后羿創作了彎弓，季仔創作了鎧甲，奚仲創作了車子，巧垂創作了船隻；既然這樣，那麼現在的皮革匠、軟甲工、車工、木匠，就都是君子，而后羿、季仔、奚仲和巧垂，就都是小人了嗎？並且他所遵循的，起初總有人第

一個創作，（假若創作便是小人）那他們所遵循的，不都是小人的行徑了嗎？儒家的人又說：「君子作戰得勝的時候，不追逐逃奔的敵人，看見掩藏鎧甲的人，也不向這些殘敗的敵人射擊，看見敵人的戰馬馳散則幫助他們繫在車架上，使他們快速逃跑。」我可以應答他說：如果都是仁人相處，就沒有相互為敵的理由。仁人之間都是把是非取捨的道理相互講明，無理的服從有理的，無知的服從有知的，理屈辭窮的應該服輸，聽到善言應該同意，何故會互相為敵呢？如果兩方面都是暴虐者相互爭奪，其中的勝利者要不追逐逃跑的敵人，見敵人掩藏鎧甲不射殺，見敵馬馳散則幫助他們繫在車架上，即使能盡如儒者所說，還將不能成為君子，也許還是殘暴的國家。聖人將要替世上除害，發動民眾誅罰暴虐，如果戰勝了，將憑藉儒術命令士卒說：「不要追趕逃奔的敵人，見敵人掩藏鎧甲不要射殺，見敵馬馳散則幫助他們繫在車架上。」那麼暴亂之徒能夠活命，天下的害不能除掉，這是集體殘殺天下的父母並深深地殘害世人呀，不義沒有比這個更大的了！

▌原文

又曰：「君子若鐘，擊之則鳴，弗擊不鳴。」應之曰：夫仁人，事上竭忠，事親務孝，得善則美，有過則諫，此為人臣之道也。今擊之則鳴，弗擊不鳴，隱知豫力①，恬漠待問而後對②，雖有君親之大利，弗問不言；若將有大寇亂，盜賊將作，若機辟將發也，他人不知，己獨知之，雖其君親皆在，不問不言，是夫大亂之賊也。以是為人臣不忠，為子不孝，事兄不弟，交遇人不貞良。夫執後不言，之朝，忽見利便己，雖恐後言；若言而未有利焉，則高拱下視，會噎為深，曰：「唯其未之學也。」君用誰急③，遺行遠矣。

夫一道術學業者，仁義也，皆大以治人，小以任官，遠施

周偏④，近以修身，不義不處，非理不行，務興天下之利，曲直周旋，不利則止，此君子之道也。以所聞孔某之行，則本與此相反謬也！

注釋

①知：通「智」。 豫：同「舍」。
②恬漠：恬淡冷漠。
③誰：當作「雖」。
④周偏：普遍。

譯文

儒者又說：「君子像口鐘，敲打它就響，不敲打它就不響。」我可以應答他說：那些仁人，侍奉君上竭盡忠誠，侍奉雙親務必孝順，看到好的就讚美，有了過錯就勸諫，這是做人臣的方法。現在要敲打它才響，不敲打它就不響，隱藏自己的智謀而懶於出力，安靜恬淡地等待君上、雙親問話而後才回答，即使是有關君上、雙親的大利，不問他也不說；如果將有大寇作亂，盜賊將發生，好像那捕獸的機關將要引發，別人都不知道這些，唯獨自己知道，即使國君和雙親都在身邊，不問就不說，這簡直就是作亂的盜賊。用這種明哲保身的態度處世，為人臣的就會不忠，為人子的就會不孝，對待兄長就不會恭敬，與他人交朋友就不能真誠友善。主張先問後答，不問不說的人，一旦到了朝廷之上，見到了有利於自己的事情，則唯恐在別人後面發言；君上的問話如果對儒者沒有利，他們就會拱手垂目，哽噎而諱莫如深。還說：「這個我還沒有學習過。」君主雖然急於重用他們，而他們已經遺棄君上走遠了。

凡是統一道理、方法、學術、事業的，是仁義呀。仁義之

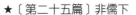

道，從大的方面說，可用於治百姓；從小的方面說，可用於任官職，遠可以普遍施於天下，近可以修身養性，不義的不堅持，無理的不實行，務必興起天下的大利，與之周旋，不利的就停止，這是君子之道呀。而我聽到的有關孔某人的行為，則本來就是跟這個相違背的。

▶原文

　　齊景公問晏子曰：「孔子為人何如？」晏子不對。公又復問，不對。景公曰：「以孔某語寡人者眾矣①，俱以賢人也。今寡人問之，而子不對，何也？」晏子對曰：「嬰不肖，不足以知賢人。雖然，嬰聞所謂賢人者，入人之國，必務合其君臣之親，而弭其上下之怨②。孔某之荊，知白公之謀，而奉之以石乞，君身幾滅，而白公僇。嬰聞賢人得上不虛，得下不危，言聽於君必利人，教行於下必利上，是以言明而易知也，行明而易從也。行義可明乎民，謀慮可通乎君臣。今孔某深慮同謀以奉賊，勞思盡知以行邪，勸下亂上，教臣殺君，非賢人之行也。入人之國，而與人之賊，非義之類也。知人不忠，趣之為亂，非仁之類也。逃人而後謀，避人而後言，行義不可明於民，謀慮不可通於君臣，嬰不知孔某之有異於白公也，是以不對。」景公曰：「嗚乎！貺寡人者眾矣③，非夫子，則吾終身不知孔某之與白公同也。」

　　①語：告訴。
　　②弭：平息。
　　③貺（ㄎㄨㄤ ˋ）：賜教。

譯文

　　齊景公問晏子說：「孔子為人怎麼樣？」晏子不回答。景公又問，晏子還是不回答。景公說：「很多人把孔子這個人說給我聽，都認為他是賢人。現在我問他的事，而您卻不回答，是什麼原因呢？」晏子回答說：「我晏嬰不肖，不足以知曉賢人。即使這樣，晏嬰我聽說所謂的賢人，進入人家的國境，一定要努力密切他們君臣之間的親近關係，而平息上下之間的仇恨。孔某人到了楚國，知道白公勝的陰謀，卻把石乞奉獻給他，楚惠王幾乎被誅滅，而白公終究被殺戮。晏嬰我聽說賢人得到君主任用，不虛有其名位；得到民心，不危及於上。所說的話被君主聽信，必然對人民有利；所施的教化在下民中實行，必然對君上有利。因此言語明白而易於知曉，行動明白而易於跟從。行義可以被人民知曉，計謀可以被君臣理解。現今孔某人思慮謀略去幫助壞人，勞神盡智去做壞事，勸下面的對上面的造反，教臣子殺君王，這些都不是賢人的行為。進入人家的國境，卻贊助別人的叛賊，這就不是正義之類了。知道別人不忠誠，卻促使他去作亂，這就不是仁慈之類了。避人而背後謀劃言說，行義不可能被人明曉，計謀不可以被君臣理解，晏嬰我不知道孔某人與白公勝相比，有什麼差別，因此不能回答。」齊景公說：「哎呀！向我賜教的人很多啊，不是先生您，那麼我終身不知道孔某人和白公勝相同呀。」

原文

　　孔某之齊見景公，景公說，欲封之以尼溪，以告晏子。晏子曰：「不可！夫儒，浩居而自順者也①，不可以教下；好樂而淫人，不可使親治；立命而怠事，不可使守職；宗喪循哀②，不可使慈民；機服勉容③，不可使導眾。孔某盛容修飾以蠱世，弦歌鼓舞以聚徒，繁登降之禮以示儀，務趨翔之節以觀眾；博

學不可使議世，勞思不可以補民④；累壽不能盡其學，當年不能行其禮，積財不能贍其樂。繁飾邪術，以營世君；盛為聲樂，以淫遇民⑤。其道不可以示世，其學不可以導眾。今君封之，以移齊俗，非所以導國先眾。」公曰：「善。」於是厚其禮，留其封，敬見而不問其道。孔某乃恚，怒於景公與晏子，乃樹鴟夷子皮於田常之門，告南郭惠子以所欲為。歸於魯，有頃，聞齊將伐魯，告子貢曰：「賜乎！舉大事於今之時矣！」乃遣子貢之齊，因南郭惠子以見田常，勸之伐吳，以教高、國、鮑、晏，使毋得害田常之亂。勸越伐吳，三年之內，齊、吳破國之難，伏屍以意術數，孔某之誅也。

注釋

①自順：堅持己見。

②宗：當為「崇」，尊崇。

③機服：奇裝異服。　勉容：矯飾儀容。

④補民：有益於民生。

⑤遇：通「愚」。

譯文

　　孔某人到齊國拜見齊景公，景公很高興，想要把尼溪這地方封給他，因此告訴了晏子。晏子說：「不可以！那些儒者，是倨傲自大而只依己見的人，不能夠教育下民；喜歡音樂迷惑人民，不可以派去治理人民；主張命運而懶於做事，不可以派去擔當職務；崇重喪禮久哀不止，不可以使他們去慈愛百姓；戴高帽強作莊敬的面容，不可以使他們去開導民眾。孔某人修飾莊盛的儀容，用以欺世；彈琴擊鼓又歌又舞用以收聚徒眾；把登上與退下的動作弄得很繁複，用以顯示禮儀；勉力於快步

走、盤旋等儀禮動作，用以誇示大眾。孔子雖然博學，但不可使他議論世事；思慮雖苦，但無益於民生；長壽的人幾輩子也不能學完他的學問，壯年人也不能執行他的禮節，積聚的財產不能供給其花費於音樂的需求。過多粉飾他的邪術，用以迷惑當世君主；創制紛繁的音樂，用以惑亂愚昧的百姓。他的道行不能公之於世，他的學問不能開導民眾。如今君上您封地給他，會改變齊國的風俗，這不是引導齊國及其民眾的辦法。」齊景公說：「好。」於是對孔子以厚禮相待，把封給孔子的領地留下，恭敬地接見他但不向他問道。孔某人竟很怨恨，對齊景公和晏子大發脾氣，於是把范蠡安排在田常的門下，把自己想幹的事告訴南郭惠子。回到魯國後，過了一段時間，聽說齊國將要討伐魯國，就對子貢說：「賜呀！要辦大事就在現今這個時候！」於是把子貢派遣到齊國去，透過南郭惠子來見田常，勸他討伐吳國；教高、國、鮑、晏四大世卿，使之不得妨礙田常叛亂。又勸越國討伐吳國，三年之內，齊國和吳國遭受了國家殘破的災難，死去的人數以十萬計，這是孔某人的罪過呀！

原文

孔某為魯司寇，舍公家而奉季孫①，季孫相魯君而走，季孫與邑人爭門關，決植②。

孔某窮於蔡、陳之間，藜羹不糝③。十日，子路為享豚，孔某不問肉之所由來而食；褫人衣以酤酒④，孔某不問酒之所由來而飲。哀公迎孔子，席不端弗坐，割不正弗食⑤。子路進請曰：「何其與陳、蔡反也？」孔某曰：「來，吾語女：囊與女為苟生，今與女為苟義。」夫饑約，則不辭妄取以活身；贏飽，則偽行以自飾。汙邪詐偽，孰大於此？

注釋

①舍：放棄。
②決植：撬開頂門的直木。
③糗：米粒。
④褫（ㄔˇ）：剝奪。
⑤割：切割。

譯文

　　孔某人當魯國的司寇，放棄公家之事而去侍奉季孫氏，季孫做國君的宰相卻要出走，他逃到城門跟邑人爭門栓，孔子舉起頂門的直木放季孫氏逃走。

　　孔某人曾在陳、蔡之地受到困厄，野菜湯中沒有米粒調和。到了第十日，子路蒸了一隻小豬，孔某人不問肉從什麼地方弄來就張口吃；子路又剝奪別人的衣服，用以買酒，孔某人不問酒從什麼地方弄來就張口飲。魯哀公迎接孔子，坐席放得不端正孔子不坐，肉切得不方正孔子不吃。子路走上前來敬問道：「您的行為怎麼與困厄於陳、蔡之間時相反啊？」孔某人說：「來，我告訴你：從前我和你是苟且偷生，現在我和你是急於取義。」在饑餓困逼的時候，則不惜妄取以求活命；飽食有餘的時候，則用虛偽的行為來粉飾自己。還有什麼汙邪詐偽之行，比這更大？

原文

　　孔某與其門弟子閒坐，曰：「夫舜見瞽叟就然①，此時天下圾乎②？周公旦非其人也邪？何為舍其家室而托寓也③？」

　　孔某所行，心術所至也。其徒屬弟子皆效孔某：子貢、季路，輔孔悝亂乎衛，陽貨亂乎齊，佛肸以中牟叛④，漆雕刑殘，

罪莫大焉！

　　夫為弟子後生，其師，必修其言，法其行，力不足、知弗及而後已。今孔某之行如此，儒士則可以疑矣！

注釋

　　①就然：局促不安的樣子。

　　②圾：同「岌」，危險。

　　③托寓：寄居於外。

　　④佛肸(ㄅㄧˋ　ㄒㄧˋ)：春秋晉國大夫趙簡子的邑宰，據中牟而叛趙氏，曾召孔子往。人名。　中牟(ㄇㄡˊ)：地名。

譯文

　　孔某人跟他的學生閒坐，說：「舜看見父親瞽叟，恭敬不安的樣子，這時天下岌岌可危嗎？周公旦不是那種仁義的人吧？為什麼捨棄他的家室而寄居在外呢？」

　　孔某人的所作所為，都出於他的心計。他的朋黨和弟子都效法孔子：子貢、季路輔佐孔悝，在衛國作亂；陽貨在齊國作亂；佛肸憑藉中牟之地而背叛簡子；漆雕氏則為刑殘之人。罪惡沒有比這個更大的了！

　　凡是做弟子後生的，對待他的老師，必定遵循他的語言，效法他的行為，一直到自己力量不足、智謀不及而後停止。現在孔子的行為是這個樣子，那麼儒士們就可以憑藉這些懷疑他了！

◎耕　柱

題解

　　「耕柱」是墨子的弟子。本篇以首句「子墨子怒耕柱子」中的「耕柱」二字名篇，各個段落內容獨立，互不連貫，類似《論語》的體裁，大概是墨家弟子對墨子談話的記錄。本篇注譯時略有刪節。

▶原文

　　子墨子怒耕柱子①。耕柱子曰：「我毋俞於人乎②？」子墨子曰：「我將上大行③，駕驥與牛，子將誰驅？」耕柱子曰：「將驅驥也。」子墨子曰：「何故驅驥也？」耕柱子曰：「驥足以責④。」子墨子曰：「我亦以子為足以責。」

注釋

　　①怒：不滿、生氣。
　　②俞：通「愈」，勝過。
　　③大行：即太行山。
　　④足以責：足以擔當起責任來。

譯文

　　墨子對耕柱子很生氣。耕柱子說：「我不是勝過別人嗎？」墨子說：「我將要去太行山，可以用駿馬駕車，可以用牛駕車，你將驅使哪一種？」耕柱子回答說：「我將驅趕駿馬。」墨子問：

「為什麼驅趕駿馬呢？」耕柱子回答說：「駿馬足以擔當重任。」墨子說：「我也認為你能擔當重任。」

▶原文

治徒娛、縣子碩問於子墨子曰：「為義孰為大務①？」子墨子曰：「譬若築牆然，能築者築，能實壤者實壤②，能欣者欣③，然後牆成也。為義猶是也，能談辯者談辯，能說書者說書，能從事者從事，然後義事成也。」

注釋

①大務：要務，關鍵。
②實壤：填充土。
③欣：即「掀」，挖掘土。

譯文

治徒娛、縣子碩問墨子說：「實行道義，什麼是要務？」墨子回答說：「如同築牆一樣，能築的就築，能填土的就填土，能掘土的就掘土，這樣牆就可築成。實行道義如同這樣，能論辯的就去論辯，能講書的就去講書，能做事的就去做事。這樣，實行道義之事才能辦成。」

▶原文

巫馬子謂子墨子曰：「子兼愛天下，未云利也；我不愛天下，未云賊也。功皆未至，子何獨自是而非我哉？」子墨子曰：「今有燎者於此①，一人奉水將灌之②，一人操火將益之，功皆未至，子何貴於二人？」巫馬子曰：「我是彼奉水者之意，而

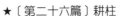

非夫操火者之意。」子墨子曰：「吾亦是吾意，而非子之意也。」

注釋

①燎者：放火的人。
②奉水：捧水。

譯文

　　巫馬子問墨子說：「你兼愛天下，沒有什麼益處；我不愛天下，也沒有什麼害處。效果都沒有達到，你為什麼只認為自己正確，而認為我不正確呢？」墨子回答說：「假如有人在這裡放火，一個人捧來水，準備澆滅火，另一個撥弄火想讓火燒旺，但二人的事都沒做成，你認為哪一個人可貴呢？」巫馬子回答說：「我認為那個捧水的人的心意是正確的，而那個撥弄火苗的人的心意是錯誤的。」墨子說：「我也是認為我『兼愛天下』的心意是正確的，而你『不愛天下』的心意是錯誤的。」

原文

　　子墨子游耕柱子於楚。二三子過之①，食之三升，客之不厚②。二三子復於子墨子曰：「耕柱子處楚無益矣！二三子過之，食之三升，客之不厚。」子墨子曰：「未可智也③。」毋幾何而遺十金於子墨子④，曰：「後生不敢死，有十金於此，願夫子之用也。」子墨子曰：「果未可智也。」

注釋

①過：拜訪。
②不厚：不優厚。

③智：同「知」。
④毋幾何：沒多久。

譯文

墨子使耕柱子前往楚國出仕。有幾個同學去拜訪他，耕柱子請他們吃飯，每餐只有三升米，招待他們不優厚。這幾個人告訴墨子說：「耕柱子在楚國沒有什麼益處呀！我們幾個人去拜訪他，他請我們吃飯，每餐只有三升米，招待我們不優厚。」墨子說：「這還未可知。」沒有多久，耕柱子贈送十鎰黃金給墨子，說：「學生不敢現在就死，還要侍奉老師，這裡有十鎰黃金，請老師使用。」墨子說：「果然是未可知呢。」

原文

巫馬子謂子墨子曰：「子之為義也，人不見而助，鬼不見而富，而子為之，有狂疾。」子墨子曰：「今使子有二臣於此，其一人者見子從事，不見子則不從事；其一人者見子亦從事，不見子亦從事，子誰貴於此二人？」巫馬子曰：「我貴其見我亦從事，不見我亦從事者。」子墨子曰：「然則是子亦貴有狂疾也。」

譯文

巫馬子對墨子說：「先生在行義，人不會看見而幫助你，鬼不會看見而使你富貴，然而先生卻仍然這樣做，這是有瘋病。」墨子說：「現在假使你有兩個家臣在這裡，其中一個，見到你就做事，見不到你就不做事；而另一個，見到你也做事，見不到你也做事，那麼你是喜歡哪一個人呢？」巫馬子回答說：「我喜歡那個見到我做事，不見到我也做事的人。」墨子說：「既

然這樣，那麼你也是喜歡『有瘋病』的人了。」

▶原文

　　子夏之徒問於子墨子曰：「君子有鬥乎？」子墨子曰：「君子無鬥。」子夏之徒曰：「狗豨猶有鬥①，惡有士而無鬥矣？」子墨子曰：「傷矣哉！言則稱於湯文，行則譬於狗豨，傷矣哉！」

注釋

　　①豨（ㄒㄧ）：豬。

譯文

　　子夏的學生對墨子說：「君子有爭鬥嗎？」墨子回答說：「君子沒有爭鬥。」子夏的學生說：「狗豬尚且有爭鬥，哪有士人卻沒有爭鬥的呢？」墨子說：「痛心啊！言論是必稱商湯和周文王，而行為卻總拿狗豬作譬喻，這太可悲了啊！」

▶原文

　　巫馬子謂子墨子曰：「舍今之人而譽先王，是譽槁骨也①。譬若匠人然，智槁木也，而不智生木。」子墨子曰：「天下之所以生者，以先王之道教也。今譽先王，是譽天下之所以生也。可譽而不譽，非仁也。」

注釋

　　①槁骨：此處是指死人。

譯文

　　巫馬子對墨子說：「捨棄當今的人，卻去稱頌古代的聖王，這是稱頌枯骨。好比木匠一樣，只知道枯木，卻不知道活著的樹木。」墨子回答說：「天下人之所以生存的原因，是由於先王的主張教化的結果。現在稱頌先王，就是稱頌能使天下人生存的先王的學說。該稱頌卻不去稱頌，這不是仁。」

▌原文

　　子墨子曰：「和氏之璧、隋侯之珠、三棘六異①，此諸侯之所謂良寶也。可以富國家，眾人民，治刑政，安社稷乎？曰：不可。所謂貴良寶者，為其可以利也。而和氏之璧、隋侯之珠、三棘六異，不可以利人，是非天下之良寶也②。今用義為政於國家，人民必眾，刑政必治，社稷必安。所為貴良寶者，可以利民也，而義可以利人，故曰：義，天下之良寶也。」

注釋

　　①三棘六異：即「三翮（ㄏㄜˊ）六翼」，九鼎。
　　②是：此，這。

譯文

　　墨子說：「和氏璧、隋侯珠、三翮六翼的九鼎，這些都是諸侯們認為最好的寶物。但是能夠用來使國家富足，人口增多，刑政得到治理，國家得到安定嗎？人們會回答說：不可能。之所以認為寶物珍貴，是因為它可以使人得到利益。而和氏璧、隋侯珠、三翮六翼的九鼎，不能給人利益，所以這些都不是天下的寶物。現在用義來施政於國家，人口必定增多，刑政必定

得到治理，國家必定會安定。之所以認為寶物珍貴，是因為它能有利於人民，而義可以使人民得到利益，所以說：義是天下的寶物。」

▶原文

葉公子高問政於仲尼曰：「善為政者若之何？」仲尼對曰：「善為政者，遠者近之，而舊者新之。」子墨子聞之曰：「葉公子高未得其問也，仲尼亦未得其所以對也。葉公子高豈不知善為政者之遠者近之，而舊者新之哉？問所以為之若之何也。不以人之所不智告人，以所智告之，故葉公子高未得其問也，仲尼亦未得其所以對也。」

譯文

葉公子高向孔子問施政之道，說：「善於施政的人該怎麼辦呢？」孔子回答說：「善於施政的人，對於處在遠方的，要親近他們；對於故舊，要如同新交一樣，不厭棄他們。」墨子聽了就說：「葉公子高沒有提出恰當的問題，孔子也未能正確地回答。葉公子高難道會不知道善於施政的人要親近疏遠的人，對故舊要待之如新嗎？他是問要怎麼樣去做。不拿人家所不懂的告訴人家，而拿人家已經懂的去告訴人家，所以說，葉公子高沒有提出恰當的問題，孔子也沒有正確地回答。」

▶原文

子墨子謂魯陽文君曰：「大國之攻小國，譬猶童子之為馬也。童子之為馬，足用而勞。今大國之攻小國也，攻者，農夫不得耕，婦人不得織，以守為事；攻人者，亦農夫不得耕，婦人不

得織，以攻為事。故大國之攻小國也，譬猶童子之為馬也。」

譯文

墨子對魯陽文君說：「大國攻小國，就好像小孩子兩手著地做馬行一樣。小孩子戲效馬行，不過是用自己的雙腳，結果把自己弄得很疲勞。現在大國去攻打小國，被進攻的一方，農民不能種地，婦女不能紡織，都要把防禦作為正事；進攻的一方，農民也不能種地，婦女也不能紡織，都要把進攻作為正事。所以大國進攻小國，就像小孩子做馬行遊戲一樣。」

原文

子墨子曰：「言足以復行者①，常之；不足以舉行者，勿常。不足以舉行而常之，是蕩口也②。」

注釋

①復行：付諸行動。
②蕩口：信口胡說。

譯文

墨子說：「言論如果能夠付諸行動的就常講，不能夠付諸行動的就別多說。言論不能付諸行動的卻經常講，這就是胡說一氣了。」

原文

子墨子使管黔敖游高石子於衛，衛君致祿甚厚，設之於卿

①。高石子三朝必盡言②，而言無行者。去而之齊，見子墨子曰：「衛君以夫子之故，致祿甚厚，設我於卿，石三朝必盡言，而言無行，是以去之也。衛君無乃以石為狂乎？」子墨子曰：「去之苟道③，受狂何傷！古者周公旦非關叔，辭三公，東處於商奄，人皆謂之狂，後世稱其德，揚其名，至今不息。且翟聞之：『為義非避毀就譽。』去之苟道，受狂何傷！」高石子曰：「石去之，焉敢不道也！昔者夫子有言曰：『天下無道，仁士不處厚焉。』今衛君無道，而貪其祿爵，則是我為苟啗人食也。」子墨子說，而召子禽子曰：「姑聽此乎！夫倍義而鄉祿者④，我常聞之矣；倍祿而鄉義者，於高石子焉見之也。」

注釋

①設：安排職位。
②三朝：三次朝見。
③苟道：假如合乎道義。
④倍義而鄉祿：背棄道義，嚮往俸祿。

譯文

墨子讓管黔敖推薦高石子去衛國做官，衛國國君給予的俸祿很優厚，安排他在卿的爵位上。高石子三次朝見衛君，每次都竭盡其言，衛君卻不採納實行。於是高石子離開衛國前往齊國。見了墨子說：「衛國國君因為老師的緣故，給我的俸祿很優厚，安排我在卿的爵位上，我三次入朝見衛君，每次都竭盡其言，可是衛君卻不採納實行。所以我才離開衛國。衛國國君恐怕會以為我發瘋了吧？」墨子說：「只要離開是合乎道義的，雖然背上發瘋的名聲又有何妨！古時候周公旦駁斥管叔的流言，辭去三公爵位，住到東方的商奄去，人們都說他瘋狂，

墨子全書

但是後人卻稱頌他的德行，頌揚他的美名，直到現在沒有停止。況且我聽說過：『行義不能迴避詆毀而追求稱譽。』離開衛國假如是正確的，雖受發瘋的指責又有什麼關係！」高石子說：「我離開衛國，哪敢不遵循道義的原則呢！以前您有這樣的話：『天下無道，仁義之士不應處於厚祿的位置上。』現在衛國國君無道，如果去貪圖他的俸祿、爵位，那麼我就是只圖吃人家的糧食了。」墨子聽了很高興，就把禽滑釐召來，說：「且聽聽高石子這話吧！違背道義而嚮往俸祿的，我常聽說；拒絕俸祿而追求道義的，現在在高石子身上見到了。」

▶原文

　　子墨子曰：「世俗之君子，貧而謂之富則怒，無義而謂之有義則喜。豈不悖哉！」

譯文

　　墨子說：「世俗的君子，如果他貧窮你卻說他富有，他就會生氣；如果他無義你卻說他有義，他就會高興。這豈不荒謬嗎！」

▶原文

　　公孟子曰：「先人有，則之而已矣。」子墨子曰：「孰曰先人有，則之而已矣？子未智人之先而有後生焉。」

譯文

　　公孟子說：「前人已有的，只要效法它就行了。」墨子說：「誰說前人已有的，只要效法它就行了？你不知人出生在前的（比之更在他前面的，即是後生了，因而先出生的人），還有

226

後出生的人在,何必一定要效法前人!」

原文

有反子墨子而反者,曰:「我豈有罪哉?吾反後。」子墨子曰:「是猶三軍北,失後之人求賞也。」

譯文

有一個背叛墨子而又回到墨子門下的弟子,說:「我難道有罪嗎?我背叛是在他人之後。」墨子說:「這如同軍隊打了敗仗,落伍的人還要求給賞一樣。」

原文

公孟子曰:「君子不作,述而已。」子墨子曰:「不然。人之其不君子者,古之善者不述,今之善者不作。其次不君子者,古之善者不述,已有善則作之,欲善之自己出也。今述而不作,是無所異於不好述而作者矣。吾以為古之善者則述之,今之善者則作之,欲善之益多也。」

譯文

公孟子說:「君子不創作,只闡述先賢之言罷了。」墨子說:「不對。人當中極無君子品格的人,對古代有好的不闡述,對於現今有好的也不創作。第二等的無君子品格的人,對於古時有好的不闡述,對於自己有好的就創作,是想讓好的東西出之於自己。現今只闡述古之善者而不創作的人,與不喜歡闡述古之善者卻喜歡自我創作的人,是沒有什麼區別的。我認為,對古代善的則闡述,對當今善的則創作,是希望好的東西更加

227

多。」

原文

　　巫馬子謂子墨子曰：「我與子異，我不能兼愛。我愛鄒人於越人①，愛魯人於鄒人，愛我鄉人於魯人，愛我家人於鄉人，愛我親於我家人，愛我身於吾親，以為近我也。擊我則疾，擊彼則不疾於我，我何故疾者不拂②，而不疾者之拂？故我有殺彼以利我，無殺我以利彼。」子墨子曰：「子之義將匿邪，意將以告人乎？」巫馬子曰：「我何故匿我義？吾將以告人。」子墨子曰：「然則一人說子，一人欲殺子以利己；十人說子，十人欲殺子以利己；天下說子，天下欲殺子以利己。一人不說子，一人欲殺子，以子為施不祥言者也③；十人不說子，十人欲殺子，以子為施不祥言者也；天下不說子，天下欲殺子，以子為施不祥言者也。說子亦欲殺子，不說子亦欲殺子，是所謂經者口也，殺常之身者也。」子墨子曰：「子之言惡利也？若無所利而言，是蕩口也。」

注釋

　　①於：比。
　　②拂：去除。
　　③施：散佈。

譯文

　　巫馬子對墨子說：「我跟你不同，我不能做到兼愛。我愛鄒國人比越國人深，愛魯國人比鄒國人深，愛我家鄉的人比魯國人深，愛我家裡的人比家鄉的人深，愛我父母親比家裡其他人深，愛我自己比我的父母親深——這是因為更貼近自身

的緣故。打我，則我會疼痛；打別人，則不會疼在我身上。我為什麼不去解除自己的疾痛，卻去解除不關自己痛癢的別人的疼痛呢？所以我只會殺他人以利於我，而不會殺我自己以利他人。」墨子問：「你的這種義，是要藏匿起來呢，還是要告訴人家呢？」巫馬子回答說：「我為什麼要把我的義藏起來呢？我將要拿它來告訴別人。」墨子說：「既然這樣，那麼有一個人喜歡你的主張，就要實行殺彼以利我之義，所以，這個人要殺你，以有利於他自己；十個人喜歡你的主張，這十個人就想殺掉你以利於自己；天下的人都喜歡你的主張，天下的人就想殺掉你以利於自己。相反，有一個人不喜歡你的主張，這個人想要殺你，認為你是散佈不吉祥言論的人；十個人不喜歡你的主張，這十個人想要殺你，認為你是散佈不吉祥言論的人；天下的人都不喜歡你的主張，天下的人都想要殺你，認為你是散佈不吉祥言論的人。喜歡你的主張的人想要殺你，不喜歡你的主張的人也想要殺你，這就是所謂口出不祥之言，如以刀傷人，則人也常要殺害自己。」墨子又說：「你說的話有什麼益處呢？假如沒有利益而發言論，這就是胡說一氣了。」

▶原文

　　子墨子謂魯陽文君曰：「今有一人於此，羊牛犓豢，雍人但割而和之①，食之不可勝食也，見人之作餅，則還然竊之②，曰：『舍余食。』不知甘肥安不足乎？其有竊疾乎？」魯陽文君曰：「有竊疾也。」子墨子曰：「楚四竟之田③，曠蕪而不可勝辟，呼虛數千，不可勝用，見宋、鄭之閒邑，則還然竊之，此與彼異乎？」魯陽文君曰：「是猶彼也，實有竊疾也。」

注釋

①雍人：廚師。　和：烹煮。
②還（ㄒㄩㄢˊ）然：迅捷的樣子。
③四竟：即「四境」。

譯文

墨子對魯陽文君說：「現在這兒有一個人，他的牛羊牲畜，任由廚師宰割、烹調，吃都吃不完；但是他看見人家做餅，就急忙去偷竊，說：『放下，給我吃吧！』不知是他的美味食物不充足呢，還是他有偷竊的毛病呢？」魯陽文君回答說：「他是有偷竊的毛病。」墨子說：「楚國四方邊境之內的田地，空曠而荒蕪，開墾不完，空閒的土地好幾千處，用都用不完；但是看見宋國、鄭國的空城，就急忙去竊取，這與那個有偷竊毛病的人有不同嗎？」魯陽文君回答說：「這就像那個人一樣，確實患有偷竊病了。」

原文

子墨子曰：「季孫紹與孟伯常治魯國之政，不能相信，而祝於叢社曰：『苟使我和。』是猶弇其目而祝於叢社曰①：『苟使我皆視。』豈不繆哉②！」

注釋

①弇（ㄧㄢˇ）：遮蓋。
②繆：通「謬」，荒謬。

譯文

　　墨子說：「季孫紹和孟伯常共同治理魯國的政事，彼此不能互相信任，就到叢林中的祠廟祝告說：『希望我們和好團結。』這猶如各自遮住眼睛，卻在叢祠中祝告說：『希望我們都能看到。』這不是很荒謬嗎！」

▶原文

　　子墨子謂駱滑氂曰：「吾聞子好勇。」駱滑氂曰：「然。我聞其鄉有勇士焉，吾必從而殺之。」子墨子曰：「天下莫不欲與其所好①，廢其所惡。今子聞其鄉有勇士焉，必從而殺之，是非好勇，是惡勇也。」

注釋

　　①與：親附。

譯文

　　墨子對駱滑氂說：「我聽說你喜愛勇武。」駱滑氂回答說：「是的。我聽說某個鄉間有勇士，我就一定要去殺他。」墨子說：「天下沒有人不想親附他所喜愛的人，除去他們所厭惡的。現在你聽說鄉間有勇士，就一定要去殺掉他，這不是喜愛勇武，而是厭惡勇武啊。」

◎貴　義

　　「貴義」即沒有比義更貴重的。本篇取首句「萬事莫貴於義」中的「貴」、「義」二字名篇。各段內容相對獨立，不太連貫，但以「義」為主，是墨子弟子對墨子言論的記述與輯錄。

原文

　　子墨子曰：「萬事莫貴於義。今謂人曰：『予子冠履，而斷子之手足，子為之乎？』必不為。何故？則冠履不若手足之貴也。又曰：『予子天下，而殺子之身，子為之乎？』必不為。何故？則天下不若身之貴也。爭一言以相殺①，是貴義於其身也。故曰：萬事莫貴於義也。」

　　子墨子自魯即齊，過故人②，謂子墨子曰：「今天下莫為義，子獨自苦而為義，子不若已。」子墨子曰：「今有人於此，有子十人，一人耕而九人處③，則耕者不可不益急矣。何故？則食者眾而耕者寡也。今天下莫為義，則子如勸我者也，何故止我？」

注釋

　　①爭一言：爭論一句話。
　　②過故人：探望老朋友。
　　③處：閒居。

譯文

　　墨子說：「萬事沒有比義更寶貴的了。如果現今對別人說：

『給你帽子和鞋，但是要砍斷你的手和腳，你肯嗎？』必定不肯。什麼原因呢？就是因為帽子和鞋不如手和腳珍貴。又有人說：『給你天下，但要殺了你，你肯嗎？』凡人必定不肯。為什麼呢？因為天下不如自己的身體珍貴。為了爭辯一句話的是非而互相殘殺身體，這是因為義比身體更珍貴。所以說：萬事沒有比義更為寶貴的了。」

　　墨子從魯國到齊國，探望一個老朋友，老朋友對墨子說：「現在天下沒有人行義，你偏偏自己受苦去行義，你不如停止了吧。」墨子回答說：「現在這兒有一個人，他有十個兒子，只有一個兒子耕種，九個閒著，那麼從事耕種的兒子不得不更加緊工作了。為什麼呢？因為張口吃飯的人多而耕作的人少。現在天下沒有什麼人行義，那麼你就應該鼓勵我去加緊行義，為什麼反而要阻止我呢？」

▶原文

　　子墨子南游於楚，見楚獻惠王，獻惠王以老辭，使穆賀見子墨子。子墨子說穆賀，穆賀大說，謂子墨子曰：「子之言，則成善矣①！而君王，天下之大王也，毋乃曰『賤人之所為』，而不用乎？」子墨子曰：「唯其可行。譬若藥然，一草之本，天子食之，以順其疾②，豈曰『一草之本』而不食哉？今農夫入其稅於大人③，大人為酒醴粢盛，以祭上帝鬼神，豈曰『賤人之所為』，而不享哉？故雖賤人也，上比之農，下比之藥，曾不若一草之本乎？且主君亦嘗聞湯之說乎？昔者湯將往見伊尹，令彭氏之子御④，彭氏之子半道而問曰：『君將何之？』湯曰：『將往見伊尹。』彭氏之子曰：『伊尹，天下之賤人也。若君欲見之，亦令召問焉，彼受賜矣。』湯曰：『非女所知也。今有藥於此，食之則耳加聰，目加明，則吾必說而強食之。今夫伊尹之於我國也，譬之良醫善藥也。而子不欲我見伊尹，是

子不欲吾善也。』因下彭氏之子，不使御。彼苟然，然後可也。」

注釋

①成：通「誠」，確實。
②順：調理。
③稅：指田賦等。
④御：駕車。

譯文

　　墨子南游於楚國，去見楚惠王，楚惠王以年老推辭，並派穆賀來見墨子。墨子向穆賀遊說，穆賀大喜，對墨子說：「你的主張，確實很好！但是君王，是天下的大王，恐怕將認為是一個普通百姓的主張而不加採用吧？」墨子回答說：「只要它行之有效。就像草藥一樣：作為草的根莖，天子吃下去，也會治療他的疾病，怎麼能夠說『這是草根』而拒絕吃藥呢？現在農民繳納租稅給貴族大人，貴族大人釀美酒、做祭品，用來祭祀上帝鬼神，上帝鬼神難道會說『這是賤人種的』而不享用嗎？因此，即使是賤人，在上把他比做農民，在下把他比做藥，難道還不如一根草根嗎？而且您也聽說過商湯的傳說吧？從前商湯將去見伊尹，讓彭氏之子駕車，彭氏之子在半路上問：『你要到哪裡去？』商湯回答說：『我要去見伊尹。』彭氏之子說：『伊尹是天下的賤人，如果你想要見他，就派人叫他來問問，他算是受到恩賜啊！』商湯說：『這不是你所能懂的。現在有藥在這裡，吃了它，耳朵就會更加靈敏，眼睛就會更加明亮，那麼我一定愉快地迫使自己吃下去。現在伊尹對於我的國家，就好像良醫和好藥一樣。而你不想讓我見到伊尹，這是不想讓我好呀。』於是叫彭氏之子下去，不讓他駕車。楚王他如果像

商湯這樣，那麼以後就能採納賤人之言了。」

▶原文

　　子墨子曰：「凡言凡動^①，利於天、鬼、百姓者為之；凡言凡動，害於天、鬼、百姓者舍之。凡言凡動，合於三代聖王堯、舜、禹、湯、文、武者為之；凡言凡動，合於三代暴王桀、紂、幽、厲者舍之。」

　　子墨子曰：「言足以遷行者^②，常之；不足以遷行者，勿常。不足以遷行而常之，是蕩口也。」

　　子墨子曰：「必去六辟^③。默則思，言則誨，動則事，使三者代御，必為聖人。必去喜，去怒，去樂，去悲，去愛，去惡，而用仁義。手足口鼻耳目，從事於義，必為聖人。」

　　子墨子謂二三子曰：「為義而不能，必無排其道。譬若匠人之斫而不能，無排其繩。」

　　子墨子曰：「世之君子，使之為一犬一彘之宰，不能則辭之；使為一國之相，不能而為之。豈不悖哉！」

注釋

　　①動：行為，行動。
　　②遷行：付諸行動。
　　③辟：通「僻」，邪僻之行為。

譯文

　　墨子說：「凡是言論行動，有利於上天、鬼神和老百姓的，就說就做；凡是言論行動，有害於上天、鬼神和老百姓的就不說不做。凡是言論行動，符合夏商周三代聖王堯、舜、禹、湯、文王和武王之道的，就說就做；凡言論行動，符合了夏商周三

代暴君桀、紂、幽王、厲王之暴政的，就不說不做。」

墨子說：「言論足以付諸行動的，要經常講；不足以付諸行動的，不要經常講。言論不足以付諸行動而經常講，這是胡說一氣。」

墨子說：「一定要去掉六種邪僻。沉默的時候能思考，說話的時候能教導人，行動時就去做事。讓這三者交替進行，必定能成為聖人。一定要去掉喜，去掉怒，去掉樂，去掉悲，去掉愛，去掉惡，而以仁義為準則。手、腳、口、鼻子、耳朵、眼睛，都用來從事於義，必定會成為聖人。」

墨子對幾個弟子說：「行義而不能勝任的時候，必定不可歸罪於學說本身。好像木匠砍木材不能砍好，必定不可歸罪於那條墨線一樣。」

墨子說：「世上的君子，使他去做宰殺一狗一豬的屠夫，如果做不了就推辭；讓他當一國的宰相，做不了卻照樣去當。難道不是很荒謬嗎！」

 原文

子墨子曰：「今瞽曰[①]：『皚者白也，黔者黑也。』雖明目者無以易之[②]。兼白黑，使瞽取焉，不能知也。故我曰瞽不知白黑者，非以其名也，以其取也。今天下之君子之名仁也，雖禹、湯無以易之。兼仁與不仁，而使天下之君子取焉，不能知也。故我曰天下之君子不知仁者，非以其名也，亦以其取也。」

子墨子曰：「今士之用身[③]，不若商人之用一布之慎也。商人用一布市，不敢縱苟而讎焉[④]，必擇良者。今士之用身則不然，意之所欲則為之，厚者入刑罰，薄者被毀醜[⑤]，則士之用身，不若商人之用一布之慎也。」

子墨子曰：「世之君子欲其義之成，而助之修其身則慍，

是猶欲其牆之成，而人助之築則慍也。豈不悖哉！」

子墨子曰：「古之聖王，欲傳其道於後世，是故書之竹帛，鏤之金石，傳遺後世子孫，欲後世子孫法之也。今聞先王之道而不為，是廢先王之傳也。」

注釋

①瞽（ㄍㄨˇ）：盲人。
②易：改變。
③用身：設身處事。
④讎（ㄔㄡˊ）：成交。應答、對答。
⑤薄者：輕者。

譯文

墨子說：「現在有一個盲人說：『鎧是白的，黔是黑的。』即使是眼睛明亮的人也無法改變它。但是把白的和黑的混在一起，讓盲人分辨，他就不能知曉了。所以說盲人不能知曉白黑，不是因為他們不知道黑和白的名稱，而是因為他們不能辨別選取。現在天下的君子說出仁義的名稱，即使是夏禹商湯都不能改變它。可要把仁和不仁的事混同在一起，再讓天下的君子辨別選取，他們就不能知曉了。因此我說天下的君子，不知道仁的，並不是因為不知道仁的名稱，而是因為他們不能選取。」

墨子說：「現在的士人使用自己的身體，還不如商人使用一個錢幣那樣謹慎。商人使用一個錢幣去買東西，還不敢輕率地成交，一定要選擇好的。現在的士人使用自己的身體就不是這樣，想到什麼就做什麼，程度重的受刑罰制裁，程度輕的被詬罵羞辱。如此看來，士人使用自己的身體，還不如商人使用一個錢幣那樣謹慎。」

墨子說：「當代的君子，想實現他的道義，而有人幫助他修養身心卻怨恨。這好比想把牆修好，但別人幫助他築牆他卻惱怒一樣，這難道不是很荒謬嗎！」

墨子說：「古代的聖王，想把自己的學說傳給後代，因此寫在竹簡、布帛上，刻在金石上，留傳給後代子孫，要後代子孫學習它。現在聽到了先王的學說卻不去實行，這是廢棄了先王所傳的學說。」

原文

子墨子南游使衛，關中載書甚多①，弦唐子見而怪之，曰：「吾夫子教公尚過曰：『揣曲直而已②。』今夫子載書甚多，何有也？」子墨子曰：「昔者周公旦朝讀書百篇，夕見漆十士③，故周公旦佐相天子，其修至於今。翟上無君上之事，下無耕農之難，吾安敢廢此？翟聞之：『同歸之物，信有誤者。』然而民聽不鈞，是以書多也。今若過之心者，數逆於精微。同歸之物，既已知其要矣，是以不教以書也。而子何怪焉？」

子墨子謂公良桓子曰：「衛，小國也，處於齊、晉之間，猶貧家之處於富家之間也。貧家而學富家之衣食多用，則速亡必矣。今簡子之家④，飾車數百乘，馬食菽粟者數百匹，婦人衣文繡者數百人，若取飾車食馬之費，與繡衣之財，以畜士，必千人有餘。若有患難，則使數百人處於前，數百於後，與婦人數百人處前後，孰安？吾以為不若畜士之安也。」

子墨子仕人於衛，所仕者至而反⑤。子墨子曰：「何故反？」對曰：「與我言而不當。曰『待女以千盆』，授我五百盆，故去之也。」子墨子曰：「授子過千盆，則子去之乎？」對曰：「不去。」子墨子曰：「然則非為其不當也，為其寡也。」

注釋

①關中：車廂中。

②揣曲直：分辨、衡量是非。

③漆：即「七」。

④簡：看、閱。

⑤反：通「返」。

譯文

墨子向南遊歷出使到衛國，車廂中載的書很多，弦唐子見了覺得奇怪，問：「老師您曾對公尚過說：『書不過是用來衡量是非曲直罷了。』現在老師載書很多，有什麼用處呢？」墨子回答說：「從前周公旦早上讀書百篇，晚上接見七十個士人，所以周公旦輔助天子，他的美善傳到今天。我墨翟上沒有國君的差事，下沒有耕種的艱難，我怎麼敢廢棄這些書呢？我聽說過：『天下萬事萬物殊途同歸，傳述的時候確實會出現差錯。』但是由於人們所聽說的不能一致，因此各述其所聞，書就多起來了。現在像有明察之心的人，對於事理已達到洞察精微。對於殊途同歸的萬事萬物，既已知道其中關鍵之處，因此就不用以書為教了。而你為什麼要感到奇怪呢？」

墨子對公良桓子說：「衛國是一個小國，處在齊國和晉國之間，就像一個貧家處在富家之間一樣。貧家如果仿效富家穿衣、吃飯和多重花費，那麼貧家必定很快破敗。現在看看你的家，以文彩裝飾的車子有幾百輛，吃豆子和穀子的馬有數百匹，穿繡花衣裳的婦女有幾百人，如果把裝飾車輛、養馬匹的費用和做繡花衣裳的錢財用來養士，必定可養一千人還有餘。如果遇到危難，就命令幾百人在前面，幾百人在後面，這跟讓幾百個婦女站在前後相比，哪一種安全？我認為不如養士安全。」

墨子派人到衛國做官，去做官的人到了衛國後卻返回來

了。墨子問他說：「什麼原因又返回來了呢？」他回答說：「衛國跟我說話不算數，說『給你糧食一千盆』，實際上只給我五百盆，所以我離開了衛國。」墨子又問：「給你的糧食超過一千盆，那麼你還離開嗎？」他回答說：「不離開。」墨子說：「既然這樣，那麼你回來並不是因為衛國說話不算數，只是因為他們給你的糧食太少了。」

 原文

子墨子曰：「世俗之君子，視義士不若負粟者①。今有人於此，負粟息於路側，欲起而不能，君子見之，無長少貴賤，必起之。何故也？曰：義也。今為義之君子，奉承先王之道以語之②，縱不說而行，又從而非毀之，則是世俗之君子之視義士也，不若視負粟者也。」

子墨子曰：「商人之四方，市賈倍徙，雖有關梁之難，盜賊之危，必為之。今士坐而言義，無關梁之難，盜賊之危，此為倍徙，不可勝計，然而不為，則士之計利，不若商人之察也。」

子墨子北之齊，遇日者③。日者曰：「帝以今日殺黑龍於北方，而先生之色黑，不可以北。」子墨子不聽，遂北，至淄水，不遂而反焉。日者曰：「我謂先生不可以北。」子墨子曰：「南之人不得北，北之人不得南，其色有黑者，有白者，何故皆不遂也？且帝以甲乙殺青龍於東方，以丙丁殺赤龍於南方，以庚辛殺白龍於西方，以壬癸殺黑龍於北方，若用子之言，則是禁天下之行者也。是圍心而虛天下也④，子之言不可用也。」

子墨子曰：「吾言足用矣，舍吾言革思者，是猶舍獲而攈粟也⑤。以其言非吾言者，是猶以卵投石也，盡天下之卵，其石猶是也，不可毀也。」

注釋

①義士：指推行仁義的人。
②語之：告誡他。
③日者：古時候依據天象之變化而預測吉凶的人。
④圍心：困乏人心。
⑤攈（ㄐㄩㄣˋ）粟：撿拾遺漏的穀穗。攈同捃。

譯文

　　墨子說：「世俗的君子，看待義士還不如一個背著糧食的人。現在這兒有一個人背著糧食，在路旁休息，要站起來時卻站不起來，君子看見了，無論他是年長的、年少的、高貴的、低賤的，一定幫助他站起來。為什麼？回答說：這就是『義』。現在那些行義的君子，奉行先王的學說來告誡世俗的君子，世俗的君子即使不喜好不實行也罷，卻又加以非議、詆毀，這就說明世俗的君子看待義士還不如看待一個背糧食的人。」

　　墨子說：「商人到四方去，是因為買賣的價錢相差幾倍，所以儘管有關卡的設置，有盜賊的危險，他們還是要這樣做。現在士人坐著宣講義，沒有關卡的障礙，沒有盜賊的危害，這是成倍的利益，不可勝數，然而卻不去做。可見士人計算利益，不如商人明察。」

　　墨子往北去齊國，遇到一個卜卦先生。卜卦先生說：「天帝於今天這個日子在北方殺死黑龍，你的臉色這麼黑，不能去北方。」墨子不聽，終於北上，到了淄水，沒有渡過河而返回來。卜卦先生說：「我告訴過你，不能去北方。」墨子說：「淄水之南的人不能渡淄水北去，淄水之北的人也不能渡淄水南行，他們的臉色有黑的，有白的，為什麼都不能順利渡河呢？再說天帝甲乙日在東方殺青龍，丙丁日在南方殺赤龍，庚辛日在西方殺白龍，壬癸日在北方殺黑龍，如果聽用你的話，那就

是禁止天下人往來了。這是違背人們的心意而使天下虛無人跡，你的話是不可取的。」

墨子說：「我的言論是可以實施的，放棄我的言論並改變我的學說，這就好像放棄了收穫而去拾遺漏的穀穗一樣。用他人的言論來否定我的言論，就像用雞蛋砸石頭那樣，砸盡了天下的雞蛋，石頭還是原來的樣子。我的學說是不可詆毀的。」

◎魯　問

題解

「魯問」的意思是，魯國國君擔心齊國來攻，問計於墨子。但這只是全篇第一段的內容，其他各段的內容則涉及各方面。

▶原文

魯君謂子墨子曰：「吾恐齊之攻我也，可救乎？」子墨子曰：「可。昔者，三代之聖王禹、湯、文、武，百里之諸侯也，說忠行義①，取天下；三代之暴王桀、紂、幽、厲，讎怨行暴②，失天下。吾願主君之上者尊天事鬼，下者愛利百姓，厚為皮幣，卑辭令，亟遍禮四鄰諸侯，驅國而以事齊，患可救也。非此，顧無可為者。」

齊將伐魯，子墨子謂項子牛曰：「伐魯，齊之大過也。昔者，吳王東伐越，棲諸會稽；西伐楚，葆昭王於隨；北伐齊，取國子以歸於吳③。諸侯報其讎，百姓苦其勞，而弗為用。是

以國為虛戾④，身為刑戮也。昔者智伯伐范氏與中行氏，兼三晉之地。諸侯報其讎，百姓苦其勞，而弗為用。是以國為虛戾，身為刑戮也。故大國之攻小國也，是交相賊也，過必反於國。」

　　子墨子見齊大王曰：「今有刀於此，試之人頭，倅然斷之⑤，可謂利乎？」大王曰：「利。」子墨子曰：「多試之人頭，倅然斷之，可謂利乎？」大王曰：「利。」子墨子曰：「刀則利矣，孰將受其不祥？」大王曰：「刀受其利，試者受其不祥。」子墨子曰：「並國覆軍，賊殺百姓，孰將受其不祥？」大王俯仰而思之，曰：「我受其不祥。」

注釋

　　①説忠行義：力主忠誠，施行仁義。
　　②讎怨：將怨恨的人當仇人。讎，即「仇」。
　　③取：俘獲。
　　④虛戾：滅亡。
　　⑤倅然：一下子，突然。

譯文

　　魯國國君問墨子：「我擔心齊國進攻我國，可以解救嗎？」墨子回答說：「可以。從前三代的聖王禹、湯、文王、武王，都是領地只有百里的諸侯，他們愛忠誠，行仁義，取得了天下；三代的暴君桀、紂、幽王、厲王，他們仇恨怨恨自己的人，行暴政，失掉了天下。我希望君主對上能尊崇上天和敬事鬼神，對下能愛護和造福於百姓，多準備牛皮和布帛以備聘用人才和聯絡內外，言辭要謙卑，並且儘快向四鄰諸侯普遍獻禮致敬從而做好鄰邦關係，並驅使全國人民來對付齊國，那麼災禍是可以解除的。不這樣確實毫無其他辦法了。」

　　齊國將要攻打魯國，墨子對齊國將領項子牛說：「攻打魯國，是齊國的大過錯。從前，吳王往東攻打越國，越王困守在會稽；往西攻打楚國，楚將保護著昭王逃到隨國；往北攻打齊國，俘虜齊將國書押回吳國。後來諸侯報仇雪恨，老百姓疲憊不堪，不肯為吳王效命。所以國家滅亡了，吳王自己也被殺了。從前智伯攻打范氏和中行氏，兼併了晉國三家的領地。後來諸侯報仇雪恨，老百姓疲憊不堪，不肯為智伯效命。所以國家滅亡了，智伯自己也被殺了。所以，大國進攻小國，是互相殘害，自己的過錯必定會反過來使本國受害。」

　　墨子去見齊大王，說：「現在這裡有一把刀，用它試砍人頭，一下子就砍斷了，能算是鋒利吧？」大王答道：「鋒利。」墨子說：「多次試砍人頭，都是一下子就砍斷了，能算是鋒利吧？」大王答道：「鋒利。」墨子又說：「刀是鋒利，但誰會遭受那種不幸呢？」大王回答說：「刀被稱為鋒利，持刀試砍的人將會遭受不幸。」墨子緊接著問：「兼併別人的國家，消滅它的軍隊，殘害老百姓，誰將會遭受不幸呢？」大王一會兒低下頭一會兒又抬起來，思考之後說：「我將會遭受不幸。」

原文

　　魯陽文君將攻鄭，子墨子聞而止之，謂魯陽文君曰：「今使魯四境之內，大都攻其小都，大家伐其小家，殺其人民，取其牛馬、狗豕、布帛、米粟、貨財，則何若？」魯陽文君曰：「魯四境之內，皆寡人之臣也。今大都攻其小都，大家伐其小家，奪之貨財，則寡人必將厚罰之。」子墨子曰：「夫天之兼有天下也，亦猶君之有四境之內也。今舉兵將以攻鄭，天誅其不至乎①？」魯陽文君曰：「先生何止我攻鄭也？我攻鄭，順於天之志。鄭人三世殺其君，天加誅焉，使三年不全②，我將助天誅也。」子墨子曰：「鄭人三世殺其君，而天加誅焉，使三年

不全，天誅足矣。今又舉兵，將以攻鄭，曰吾攻鄭也，順於天之志。譬有人於此，其子強梁不材，故其父笞之，其鄰家之父，舉木而擊之，曰：吾擊之也，順於其父之志。則豈不悖哉！」

子墨子謂魯陽文君曰：「攻其鄰國，殺其民人，取其牛馬、粟米、貨財，則書之於竹帛，鏤之於金石，以為銘於鐘鼎，傳遺後世子孫，曰：『莫若我多！』今賤人也，亦攻其鄰家，殺其人民，取其狗豕、食糧、衣裘，亦書之竹帛，以為銘於席豆，以遺後世子孫，曰：『莫若我多！』其可乎？」魯陽文君曰：「然。吾以子之言觀之，則天下之所謂可者，未必然也。」

子墨子為魯陽文君曰③：「世俗之君子，皆知小物，而不知大物。今有人於此，竊一犬一彘，則謂之不仁，竊一國一都，則以為義。譬猶小視白謂之白，大視白則謂之黑。是故世俗之君子，知小物而不知大物者，此若言之謂也。」

魯陽文君語子墨子曰：「楚之南，有啖人之國者橋④，其國之長子生，則解而食之，謂之宜弟，美則以遺其君，君喜則賞其父。豈不惡俗哉？」子墨子曰：「雖中國之俗，亦猶是也。殺其父而賞其子，何以異食其子而賞其父者哉？苟不用仁義，何以非夷人食其子也？」

魯君之嬖人死⑤，魯人為之誄，魯君因說而用之。子墨子聞之曰：「誄者，道死人之志也。今因說而用之，是猶以來首從服也⑥。」

魯陽文君謂子墨子曰：「有語我以忠臣者，令之俯則俯，令之仰則仰，處則靜，呼則應，可謂忠臣乎？」子墨子曰：「令之俯則俯，令之仰則仰，是似景也；處則靜，呼則應，是似響也。君將何得於景與響哉？若以翟之所謂忠臣者，上有過，則微之以諫；己有善，則訪之上，而無敢以告外；匡其邪，而入其善，尚同而無下比。是以美善在上，而怨讎在下；安樂在上，而憂戚在臣。此翟之所謂忠臣者也。」

注釋

①其：當作「豈」。
②不全：這裡指災荒之年。
③為：通「謂」。
④啖（ㄉㄢˋ）：吃。
⑤嬖（ㄅㄧˋ）人：寵愛的小妾。
⑥來：即「騋（ㄌㄞˊ），犛牛。

譯文

　　魯陽文君將要進攻鄭國，墨子聽說後就去阻止這件事。他對魯陽文君說：「現在假若魯陽四境之內，大城攻打小城，大家族攻伐小家族，殺害那裡的人民，掠奪人家的牛馬、狗豬、布帛、米糧、貨物、錢財，那麼會怎麼樣？」魯陽文君說：「魯陽四境之內都是我的臣民。現在如果大城攻打小城，大家族攻伐小家族，掠奪人家的貨物、錢財，那麼我必定要重重地處罰他們。」墨子說：「上天兼有整個天下，就如同你擁有魯陽四境之內。現在你起兵將要討伐鄭國，上天對你的懲罰難道不會降臨嗎？」魯陽文君說：「先生為什麼要阻止我進攻鄭國呢？我討伐鄭國，是順從上天的意志。鄭國人三代把自己的國君殺了，所以上天對鄭國人加以懲罰，使他們三年都有災荒。我要協助天討伐鄭國。」墨子說：「鄭國人三代都把自己的國君殺了，所以上天對鄭國人加以懲罰，使他們三年都有災荒，上天的懲罰已經足夠了。現在你又起兵要討伐鄭國，並且說我進攻鄭國，是順從上天的意志。舉個例子，就好比有這樣一個人，他的兒子逞強而不守規矩，不成器，因而他父親用竹板打他，其鄰居家的長輩也拿起木棍來打他，還說：我打他，是順從他父親的意志。這豈不是太荒謬了嗎？」

　　墨子對魯陽文君說：「諸侯攻打鄰國，殺害鄰國的人民，

掠奪鄰國的牛馬、米糧、貨物、錢財，記載在竹簡和帛書上，刻在金石上，寫成銘文刻於鐘鼎之上，用來留傳給後世子孫，說：『戰果沒有人比我多！』現在如果那些下賤的人，也去攻打鄰家，殺害百姓，掠奪鄰家的狗豬、糧食、衣物，也記載在竹簡和帛書上，在竹席、器皿上刻銘文，用來留傳給後世子孫，說：『戰果沒有人比我多！』難道可以嗎？」魯陽文君回答說：「說得好。我依照你的話去考察，那麼社會上認為可行之事，就不一定正確了。」

墨子又對魯陽文君說：「世俗所謂的君子，都是只懂得小道理，卻不懂得大道理。假如這裡有一個人，他偷了一隻狗、一頭豬，那麼就說他是不仁；他竊得一個國家、一個都城，卻認為他合乎義。這好比看見一小點白說是白的，看見一大片白卻說是黑的。因此世俗所謂的君子，只懂得小道理，卻不懂得大道理，如同這句話所講的一樣。」

魯陽文君告訴墨子說：「在楚國南面，有個有吃人風俗的國家叫做『橋』，在這個國家裡，長子一出生就殺了吃掉，稱為『宜弟』，如果味美就送給國君吃，國君高興就獎賞孩子的父親。難道這不是惡劣的風俗嗎？」墨子回答說：「即使是中原各國的風俗，也是這樣啊！他的父親因攻戰而死，則撫恤他的孩子，這與吃人家的孩子而後獎賞孩子的父親有什麼不同呢？如果自己不行仁義，憑什麼去指責別人吃他們的孩子呢？」

魯國國君的愛妾死了，魯國人寫了一篇哀悼的誄文(ㄌㄟˋ：一種哀祭文)，魯國國君看後很高興，就採用了。墨子知道了，說：「誄文，是用來稱道死人的心志的。如今只憑喜歡就採用了，這如同用犛牛來駕車一樣，怎麼能夠勝任呢？」

魯陽文君對墨子說：「有人把忠臣的標準告訴我。說是叫他低頭就低頭，叫他抬頭就抬頭，住下來靜悄悄的，喊他就立刻答應，這樣的人能算是忠臣嗎？」墨子說：「叫他低頭就低

頭，叫他抬頭就抬頭，這就像影子一樣；靜處在那裡一言不發，
叫他才應和，這就像回聲一樣。你能從影子和回聲中得到什麼
有益的東西呢？假如按照我所定的忠臣的標準，應該是這樣的：
國君有過錯，就要尋找機會勸諫；自己有好的想法，就要和君
上共同謀劃，而不把它告訴給不相干的人；匡正君上的錯誤而
將良策獻給國君，與國君團結一心而不在下面結黨營私。因此
好事美名應歸在國君頭上，而怨恨冤仇則由臣下來承擔；安樂
歸於國君，而憂患則由臣下擔負。這就是我所說的忠臣。」

 原文

　　魯君謂子墨子曰：「我有二子，一人者好學，一人者好分
人財，孰以為太子而可？」子墨子曰：「未可知也。或所為賞
與為是也[1]。釣者之恭，非為魚賜也；餌鼠以蟲，非愛之也。
吾願主君之合其志功而觀焉[2]。」

　　魯人有因子墨子而學其子者，其子戰而死，其父讓子墨子
[3]。子墨子曰：「子欲學子之子，今學成矣，戰而死，而子慍，
是猶欲糶，糴讎則慍也。豈不費哉[4]！」

　　魯之南鄙人有吳慮者[5]，冬陶夏耕，自比於舜。子墨子聞
而見之。吳慮謂子墨子曰：「義耳義耳，焉用言之哉？」子墨
子曰：「子之所謂義者，亦有力以勞人，有財以分人乎？」吳
慮曰：「有。」子墨子曰：「翟嘗計之矣[6]。翟慮耕而食天下
之人矣，盛，然後當一農之耕，分諸天下，不能人得一升粟。
籍而以為得一升粟，其不能飽天下之饑者，既可睹矣。翟慮織
而衣天下之人矣，盛，然後當一婦人之織，分諸天下，不能人
得尺布。籍而以為得尺布，其不能暖天下之寒者，既可睹矣。
翟慮被堅執銳，救諸侯之患矣，盛，然後當一夫之戰，一夫之
戰，其不御三軍，既可睹矣。翟以為不若誦先王之道，而求其
說，通聖人之言，而察其辭，上說王公大人，次匹夫徒步之士。

王公大人用吾言，國必治；匹夫徒步之士用吾言，行必修。故翟以為雖不耕而食饑，不織而衣寒，功賢於耕而食之、織而衣之者也。故翟以為雖不耕織乎，而功賢於耕織也。」吳慮謂子墨子曰：「義耳義耳，焉用言之哉？」子墨子曰：「籍設而天下不知耕⑦，教人耕，與不教人耕而獨耕者，其功孰多？」吳慮曰：「教人耕者，其功多。」子墨子曰：「籍設而攻不義之國，鼓而使眾進戰，與不鼓而使眾進戰而獨進戰者，其功孰多？」吳慮曰：「鼓而進眾者，其功多。」子墨子曰：「天下匹夫徒步之士少知義，而教天下以義者，功亦多，何故弗言也？若得鼓而進於義，則吾義豈不益進哉！」

注釋

①賞與：即「賞譽」。
②志功：初衷與效果。
③讓：責備。
④費：「悖」的假借字，荒謬。 糶（ㄊㄧㄠˋ）：賣穀物。
⑤南鄙：南部邊境。
⑥計：考慮。
⑦籍設：假設。

譯文

　　魯國國君問墨子說：「我有兩個兒子，一個好學，一個喜愛拿錢財分給別人，誰可以作為太子呢？」墨子回答說：「還不能知道。也許他們是為了賞賜和名譽而這樣做的。釣魚人的恭順，並不是為了給魚以恩賜；下毒藥餵老鼠，並不是為了喜愛老鼠。希望主君結合主觀動機和客觀效果來觀察他們。」

　　魯國有一個人因與墨子有關係，而使他的兒子跟隨墨子學

習，兒子在作戰中死了，這個人就責備墨子。墨子說：「你希望你的兒子跟我學習，現在學成了，他在作戰中死去，而你卻惱怒，這猶如想賣穀物，已賣出去卻又怨恨。難道不是很荒謬嗎！」

　　魯國南部邊境上有個叫吳慮的人，冬天製作陶器，夏天耕種，把自己比作虞舜。墨子聽說之後就去見他。吳慮對墨子說：「義啊義啊，貴在切實可行，哪裡用得著說呢？」墨子說：「你所謂的義，也就是有力氣幫人操勞，拿錢財分些給別人吧？」吳慮回答道：「有這種事。」墨子說：「我墨翟曾經考慮過了。我想耕種從而給天下人以飯吃，頂多也只抵上一個農夫耕種的收穫，分給天下人，每人得不到一升米。假如每人分得一升米，它不能使天下挨餓的人吃飽，是顯而易見的。我想織布從而給天下人以衣服穿，頂多也只頂上一個婦女所織的布，分給天下人，每人得不到一尺布。假如每人分到一尺布，它也不能使天下受凍的人得到溫暖，是顯而易見的。我想身披堅固的鎧甲，手執銳利的武器，去挽救諸侯的災難，頂多也只抵得上一個戰士作戰，一個戰士作戰，他不能抵擋敵人的三軍，是顯而易見的。我認為不如誦讀與研究先王的學說，通曉與考察聖人的言辭，上以遊說王公大人，其次遊說平民百姓。王公大人們採納我的意見，國家一定會治理好；平民百姓採納我的意見，自身一定會有修養。所以我認為自己雖然不耕種而供饑者飯吃，不織布而供給寒者衣穿，但功效卻比耕種供人吃飯好，也比織布供人穿衣好。所以我認為自己雖然不耕織，但功效卻比耕織好。」吳慮又對墨子說：「義啊義啊，貴在切實可行，哪裡用得著說呢？」墨子問：「假設天下人不懂得耕種，那麼教人耕種與不教人而獨自耕種，誰的功績大？」吳慮回答說：「教人耕種的功績大。」墨子又問：「假設進攻不義之國，擂起戰鼓使兵卒前去作戰，與不擂鼓使兵卒前去作戰而獨自去作戰，誰的功績大？」吳慮回答說：「擂鼓使兵卒前進的人的功績大。」

墨子說：「天下平民百姓，義懂得很少，那麼用義來教化天下的人，功績也大，為什麼不講義呢？如果我能鼓動大家達到義的要求，那麼，我的義豈不是更加發揚光大了！」

▶原文

　　子墨子游公尚過於越。公尚過說越王，越王大說，謂公尚過曰：「先生苟能使子墨子至於越而教寡人，請裂故吳之地方五百里，以封子墨子。」公尚過許諾。遂為公尚過束車五十乘①，以迎子墨子於魯。曰：「吾以夫子之道說越王，越王大說，謂過曰：『苟能使子墨子至於越而教寡人，請裂故吳之地方五百里，以封子。』」子墨子謂公尚過曰：「子觀越王之志何若？意越王將聽吾言，用吾道，則翟將往，量腹而食，度身而衣，自比於群臣，奚能以封為哉！越不聽吾言，不用吾道，而吾往焉，則是我以義糶也。鈞之糶，亦於中國耳②，何必於越哉！」

　　子墨子游，魏越曰：「既得見四方之君，子則將先語？」子墨子曰：「凡入國，必擇務而從事焉。國家昏亂，則語之尚賢、尚同；國家貧，則語之節用、節葬；國家憙音湛湎③，則語之非樂、非命；國家淫僻無禮，則語之尊天事鬼；國家務奪侵凌④，即語之兼愛、非攻。故曰：擇務而從事焉。」

　　子墨子士曹公子於宋⑤。三年而反，睹子墨子曰：「始吾游於子之門，短褐之衣，藜藿之羹，朝得之，則夕弗得祭祀鬼神。今而以夫子之教，家厚於始也。有家厚，謹祭祀鬼神。然而人徒多死，六畜不蕃，身湛於病，吾未知夫子之道之可用也。」子墨子曰：「不然。夫鬼神之所欲於人者多：欲人之處高爵祿，則以讓賢也；多財，則以分貧也。夫鬼神，豈唯攫黍揗肺之為欲哉⑥？今子處高爵祿而不以讓賢，一不祥也；多財而不以分貧，二不祥也。今子事鬼神，唯祭而已矣，而曰『病何自至哉』，是猶百門而閉一焉，曰『盜何從入』。若是而求

福於有怪之鬼，豈可哉？

①束車：備車。

②中國：中原的諸侯國。

③憙：同「喜」。　湛：通「沉」。

④務：通「侮」。

⑤士：同「仕」。

⑥攫(ㄐㄩㄝˊ)黍担(ㄑㄧㄢˊ)肺：用手取黍稷和動物的肝肺。指鬼神等取食祭品。　担：脅持、挾持。

譯文

　　墨子讓弟子公尚過前往越國出仕做官。公尚過遊說越王，越王大喜，對公尚過說：「先生如果能使墨子到越國來教導我，我願分出過去吳國的土地五百里封給墨子。」公尚過便答應了。於是越王為公尚過準備好馬車五十輛，到魯國迎接墨子。公尚過對墨子說：「我用老師您的學說遊說越王，越王大喜，對我說：『如果能讓墨子到越國來教導我，願分出原來吳國的土地五百里封給您。』」墨子對公尚過說：「你看越王的心意如何呢？或許越王會聽我的話，採用我的學說，那麼我就準備前往，按飯量吃飯，按體長做衣服，一切用度和群臣一樣，怎麼能為了封地去施教呢！如果越王不聽我的話，不採用我的學說，而我卻前往那裡，那麼我就是拿義來出售了。同樣都是出售，我就在中原各國出售義吧，何必要遠遠地跑到越國去呢？」

　　墨子出外遊歷，魏越問：「老師見到了四方的君主，您將先說什麼呢？」墨子回答說：「凡是進入一個國家，一定要選擇緊要的事情去辦。如果這個國家混亂，就告訴他們尊重人才

和崇尚統一的道理；如果這個國家十分貧困，就告訴他們節約用度，節約喪葬的費用；如果這個國家過分地喜愛音樂和沉湎於酒中，就告訴他們音樂和酒有害以及應該努力進取的道理；如果這個國家淫亂怪僻而且無禮，就要告訴他們上天和鬼神要明察和懲罰這一切的道理；如果這個國家一味欺侮別人掠奪侵略，就要告訴他們普遍施愛和反對侵略的道理。所以說：要選擇緊要的事去做。」

墨子讓曹公子到宋國做官。三年後曹公子回來見墨子，說：「當初我來到先生門下學習，穿著粗布衣服，吃野菜一類粗劣的食物，早上有吃的，晚上就沒有東西來祭祀鬼神。現在因為聽了老師的教誨，家境比當初富了。有了富裕的家境，我恭敬地祭祀鬼神。但是家中的人大多死去，牲畜也不興旺，自己又患了病，我不知道老師的學說是不是還可以用。」墨子說：「不是這樣的。鬼神所希望於人做的事很多：希望人處於高位時要讓賢；錢財多要分給貧困的人。鬼神難道僅僅是想取食祭品嗎？現在你處於高位卻不能讓賢，這是第一種不祥；財產多卻不分給貧困的人，這是第二種不祥。現在你侍奉鬼神，只是祭祀的形式，反而問災禍如何發生，這就像有一百個門，只關了一個門，卻問強盜從哪裡進來。像這樣去向有靈驗的鬼神求福，那怎麼行得通呢？」

▶原文

魯祝以一豚祭[①]，而求百福於鬼神。子墨子聞之曰：「是不可。今施人薄而望人厚，則人唯恐其有賜於己也。今以一豚祭，而求百福於鬼神，唯恐其以牛羊祀也。古者聖王事鬼神，祭而已矣。今以豚祭而求百福，則其富不如其貧也。」

彭輕生子曰：「往者可知，來者不可知。」子墨子曰：「籍設而親在百里之外，則遇難焉，期以一日也，及之則生，不及

則死。今有固車良馬於此，又有奴馬四隅之輪於此②，使子擇焉，子將何乘？」對曰：「乘良馬固車，可以速至。」子墨子曰：「焉在不知來！」

孟山譽王子閭曰：「昔白公之禍，執王子閭，斧鉞鉤要③，直兵當心，謂之曰：『為王則生，不為王則死！』王子閭曰：『何其侮我也！殺我親，而喜我以楚國④。我得天下而不義，不為也，又況於楚國乎？』遂死而不為。王子閭豈不仁哉？」子墨子曰：「難則難矣，然而未仁也。若以王為無道，則何故不受而治也？若以白公為不義，何故不受王，誅白公然而反王？故曰：難則難矣，然而未仁也。」

子墨子使勝綽事項子牛。項子牛三侵魯地，而勝綽三從。子墨子聞之，使高孫子請而退之，曰：「我使綽也，將以濟驕而正嬖也。今綽也祿厚而譎夫子，夫子三侵魯而綽三從，是鼓鞭於馬靳也。翟聞之：言義而弗行，是犯明也⑤。綽非弗之知也，祿勝義也。」

注釋

①祝：司祭之人。
②奴馬：即「駑馬」。
③要：即「腰」。
④喜：同「嬉」，捉弄。
⑤犯明：明知而故犯。

譯文

魯國的司祭用一頭小豬來祭祀，卻向鬼神祈求百福。墨子知道此事後說：「這樣不行。現在你給人的東西微薄，卻盼望人家以厚重之物答謝你，那麼，別人就只怕你有東西賜給他

們了。如今用一頭小豬來祭祀,卻向鬼神祈求百福,那麼鬼神只怕你再用牛羊來祭祀而提出更高的要求了。古代聖王侍奉鬼神,只是祭祀而已,現在用一頭小豬祭祀,卻要祈求賜百福,那麼與其祭品豐富,還不如缺乏呢!」

彭輕生子說:「過去的事情可以知道,未來的事情不可知道。」墨子說:「假設你的父母親在百里以外的地方,即將遇到災難了,只有一天的期限,你要能趕到,他們就會活,趕不到就會死。如今這裡有堅固的車子和好馬,又有劣馬和車輪四方的破車,讓你挑選,你將選哪一種車?」彭輕生子回答說:「乘坐良馬駕駛的堅固車子,可以儘快趕到。」墨子說:「既然如此,那怎能斷言未來的事不可知呢!」

孟山稱讚王子閭說:「從前白公勝在楚國作亂,抓住了王子閭,把斧鉞鉤在王子閭的腰間,拿直矛對著他的心窩,對他說:『你願當楚王就讓你活,不願當楚王就讓你死!』王子閭回答說:『怎麼這樣侮辱我呀!殺死我的親人,又用給予楚國來作弄我。即使我得到了整個天下,如果不符合義的原則,我也不做,又何況是得到一個楚國呢?』於是王子閭終被殺死而不為王。王子閭難道不算是仁嗎?」墨子說:「他這樣做難是很難了,但還不算是仁。如果他認為楚王無道,那麼為什麼不接受王位,將楚國治理好呢?如果他認為白公勝不義,為什麼不接受王位,殺了白公勝,再把王位交還楚王呢?所以說,王子閭這樣做難是很難了,但還不算是仁。」

墨子讓弟子勝綽去項子牛那裡做官。項子牛三次侵犯魯國的領土,勝綽三次都參與了。墨子聽說了,就派弟子高孫子去請項子牛辭退勝綽,並說:「我讓勝綽去侍奉先生,為的是阻止驕橫,匡正邪惡。如今的勝綽俸祿多了,卻欺騙先生,先生三次侵犯魯國,勝綽三次都參與了,這是要馬前進,卻把馬鞭打在馬胸前了。墨翟我聽說過,口裡講仁義卻不去實行,這叫做明知故犯。勝綽並非不懂,他是把俸祿看得比義還重啊!」

▶原文

　　昔者楚人與越人舟戰於江，楚人順流而進，迎流而退[①]，見利而進，見不利則其退難。越人迎流而進，順流而退，見利而進，見不利則其退速。越人因此若勢，亟敗楚人[②]。公輸子自魯南游楚，焉始為舟戰之器，作為鉤強之備[③]，退者鉤之，進者強之，量其鉤強之長，而制為之兵。楚之兵節，越之兵不節，楚人因此若勢，亟敗越人。公輸子善其巧，以語子墨子曰：「我舟戰有鉤強，不知子之義亦有鉤強乎？」子墨子曰：「我義之鉤強，賢於子舟戰之鉤強。我鉤強，我鉤之以愛，揣之以恭。弗鉤以愛則不親，弗揣以恭則速狎，狎而不親則速離。故交相愛，交相恭，猶若相利也。今子鉤而止人，人亦鉤而止子，子強而距人，人亦強而距子，交相鉤，交相強，猶若相害也。故我義之鉤強，賢子舟戰之鉤強。」

　　公輸子削竹木以為鵲，成而飛之，三日不下。公輸子自以為至巧。子墨子謂公輸子曰：「子之為鵲也，不如匠之為車轄，須臾劉三寸之木[④]，而任五十石之重。故所為功[⑤]，利於人謂之巧，不利於人謂之拙。」

　　公輸子謂子墨子曰：「吾未得見之時，我欲得宋。自我得見之後，予我宋而不義，我不為。」子墨子曰：「翟之未得見之時也，子欲得宋，自翟得見之後，予子宋而不義，子弗為，是我予子宋也。子務為義，翟又將予子天下。」

注釋

　　①迎流：即「逆流」。
　　②亟：數次。
　　③鉤強：鉤與鑲，古代兩種兵器。
　　④劉：讀為「斫」（ㄓㄨㄛˊ），削。
　　⑤功：通「工」。

譯文

　　從前楚國人跟越國人在長江裡進行水戰，楚國人順流而進，逆流而退，作戰有利就前進，作戰不利時，要後退卻困難。越國人逆流而進，順流而退，作戰有利就前進，作戰不利時卻能很快後退。越國人憑藉這種天然的水勢，屢次打敗楚國人。公輸盤從魯國南游楚國，於是開始製造舟戰所用的武器，他製造了鉤鑲這種兵器用作裝備，敵船後退時就用鉤鉤住它，敵船前進時就用鑲來推拒它，這是估量了鉤與鑲的長度後，製造的武器。楚國的兵器適用，越國的兵器不適用，楚國人憑藉這種兵器的優勢，屢次打敗越國人。公輸盤誇讚自己的靈巧，於是對墨子說：「我在水戰時有鉤鑲，你的義也有鉤鑲嗎？」墨子回答說：「我義的鉤鑲，比你水戰所用的鉤鑲還好。我的鉤鑲，是用愛來鉤對方，用恭敬來拒對方。不用愛來鉤對方就不親，不用恭敬來拒對方就會親近而不莊重。為人輕狂而不親近就會很快地離散。所以互相愛護，互相恭敬，就像互惠互利一樣。現在你用鉤子把別人鉤住，別人也會用鉤子把你鉤住；你用鑲把別人擋住，別人也會用鑲把你擋住，互相鉤，互相鑲，就像互相加害對方一樣。所以說我的仁義的鉤鑲，比你水戰的武器更好。」

　　公輸盤削竹子製作竹鵲，竹鵲製成了讓它飛起來，飛了三天不落下來。公輸盤自認為極精巧。墨子對公輸盤說：「你製作竹鵲，還不如木匠做車轄，木匠做車轄時，一會兒就削成三寸大的木塊，能載得起五十石的重量。所以製作的器物，對人有用的稱為巧，對人無用的稱為拙。」

　　公輸盤對墨子說：「我沒見到你的時候，我很想得到宋國。自從我見到你後，如果送給我宋國而不符合義的原則，我也不要。」墨子回答說：「我沒見到你的時候，你很想得到宋國，自從我見到你後，如果送給你宋國而不符合義的原則，你也不要，這表明是我送給你宋國了。只要你竭盡全力行仁義，我又

將會把整個天下送給你。」

◎公　輸

題解

「公輸」即「公輸盤（ㄅㄢˊ），又作「公輸般」，「公輸班」，也即後世奉為能工巧匠之祖的「魯班」。本篇所述，為墨子聽說魯班在造攻城雲梯，準備攻打宋國，於是從齊國出發，跋涉十日十夜止楚攻宋的過程。

▶原文

公輸盤為楚造雲梯之械①，成，將以攻宋。子墨子聞之，起於齊，行十日十夜而至於郢②，見公輸盤。

公輸盤曰：「夫子何命焉為？」子墨子曰：「北方有侮臣者，願借子殺之。」公輸盤不說③。子墨子曰：「請獻十金。」公輸盤曰：「吾義固不殺人④。」子墨子起，再拜曰：「請說之。吾從北方聞子為梯，將以攻宋。宋何罪之有？荊國有餘於地⑤，而不足於民，殺所不足，而爭所有餘，不可謂智。宋無罪而攻之，不可謂仁。知而不爭，不可謂忠。爭而不得，不可謂強。義不殺少而殺眾，不可謂知類⑥。」公輸盤服。子墨子曰：「然，胡不已乎？」公輸盤曰：「不可，吾既已言之王矣。」子墨子曰：「胡不見我於王？」公輸盤曰：「諾。」

注釋

①雲梯：攻城所用的一種器械，很高，故名雲梯。

②郢（一ㄥˇ）：楚國都城，在今湖北江陵。

③説：通「悦」，高興。

④義：正當的道理、義理。

⑤荊國：即楚國。因楚原建於荊山一帶，故名。

⑥知類：知道類推的道理。

譯文

　　公輸盤為楚國製作一種叫做雲梯的攻城器械，已經製成了，將用它來攻打宋國。墨子聽到此事，便從齊國動身，走了十日十夜才到達楚國的郢都，見到公輸盤。

　　公輸盤說：「先生有什麼見教？」墨子說：「北方有一個欺侮我的人，我想借助你將他殺掉。」公輸盤不高興。墨子說：「我願意奉送十鎰黃金。」公輸盤說：「我奉行義理，決不殺人。」墨子站起來，對公輸盤拜了又拜，說：「請讓我向你說說這義理。我在北方聽說你製作了雲梯，將用來攻打宋國。宋國有何罪過？楚國土地有餘而人口不足，犧牲本國本來不足的人口，去爭奪自己已經多餘的土地，這不能算是有智慧；宋國無罪卻攻打它，這不能算講仁義；懂得道理卻不爭諫，這不能說是忠誠；爭諫卻不能取得效果，這不能說是堅強；為了義不殺少數人卻要殺眾多的人，這不能說是知道類推的道理。」公輸盤聽後，心悅誠服。墨子問：「既然如此，為什麼不停止攻打宋國呢？」公輸盤回答說：「不行，我已經答應楚王了。」墨子說：「為何不把我引見給楚王？」公輸盤說：「好吧。」

▶原文

子墨子見王，曰：「今有人於此，舍其文軒，鄰有敝輿，而欲竊之；舍其錦繡，鄰有短褐，而欲竊之；舍其粱肉，鄰有糠糟，而欲竊之。此為何若人？」王曰：「必為竊疾矣。」子墨子曰：「荊之地，方五千里①，宋之地，方五百里，此猶文軒之與敝輿也；荊有雲夢②，犀兕麋鹿滿之③，江漢之魚鼈黿鼉為天下富④，宋所謂無雉兔鮒魚者也，此猶粱肉之與糠糟也；荊有長松、文梓、梗、楠、豫章，宋無長木，此猶錦繡之與短褐也。臣以三事言之，王之攻宋也，為與此同類。」王曰：「善哉！雖然，公輸盤為我為雲梯，必取宋。」

注釋

①方：方圓，縱橫。
②雲夢：楚國的大澤。
③犀兕（ㄙˋ）：犀牛，雄的叫犀，雌的叫兕。
④黿鼉（ㄩㄢˊ ㄊㄨㄛˊ）：兩種水中動物，前者似鼈而大，後者即揚子鰐。

譯文

墨子見到楚王後，說：「現在這兒有一個人，捨棄自己華貴的彩車，鄰居有輛破車，卻想去偷；捨棄自己華麗的衣裳，鄰居有粗布衣服，卻想去偷；捨棄自己的好飯肉食，鄰居有糟糠，卻想去偷。這是個怎樣的人？」楚王回答說：「他一定是有偷盜之癖。」墨子說：「楚國的土地，方圓五千里，宋國的土地，方圓五百里，這就像彩車跟破車相比；楚國有個雲夢澤，犀牛、麋鹿滿地都有，長江、漢水裡出產魚鼈黿鼉，算得上是天下最富饒的了，宋國卻是所謂連野雞、野兔、鯽魚都不出產

的地方，這就像好飯肉食跟糟糠相比；楚國有高大的松樹、紋理細密的梓樹、楩木、楠木和樟樹，宋國卻連大樹都沒有，這就像華麗衣裳跟粗布衣服相比。用這三方面來打比方，我認為，大王要去攻打宋國，是跟這個有偷盜之癖的人同類。」楚王說：「說得好啊！即使這樣，但公輸盤已經為我造好了雲梯，必定要去攻打宋國。」

▶原文

　　於是見公輸盤。子墨子解帶為城，以牒為械[①]。公輸盤九設攻城之機變，子墨子九距之[②]。公輸盤之攻械盡，子墨子之守圉有餘[③]。公輸盤詘[④]，而曰：「吾知所以距子矣，吾不言。」子墨子亦曰：「吾知子之所以距我，吾不言。」楚王問其故。子墨子曰：「公輸子之意，不過欲殺臣，殺臣，宋莫能守，可攻也。然臣之弟子禽滑釐等三百人，已持臣守圉之器，在宋城上而待楚寇矣。雖殺臣，不能絕也。」楚王曰：「善哉！吾請無攻宋矣。」

注釋

　　①牒（ㄉㄧㄝˊ）：小木片。
　　②距：同「拒」，抵擋。
　　③守圉（ㄩˇ）：即「守禦」，防守抵禦。
　　④詘（ㄑㄩ）：同「屈」，認輸。

譯文

　　於是楚王召見公輸盤。墨子解下腰帶，圍作一座城的樣子，用小木片作為守城的器械。公輸盤多次設置機巧多變的器械攻城，墨子一次次地抵禦住。公輸盤攻城的器械用盡了，墨

子守城的辦法還有餘。公輸盤屈服了，卻說：「我知道如何抵擋你了，只是我不說出來。」墨子也說：「我知道你將如何抵擋我了，我也不說出來。」楚王詢問其中的緣故。墨子說：「公輸盤的意思，無非是想殺掉我，殺掉我，宋國就不能守衛，可以去攻打了。可是我的弟子禽滑釐等三百多人，已經拿著我剛才所用的守禦器械，立在宋國的城頭而嚴待楚寇的侵入呢。即使將我殺掉，也不能斷絕守衛宋國的力量。」楚王說：「好吧！我不準備攻打宋國了。」

▶原文

　　子墨子歸，過宋。天雨，庇其閭中①，守閭者不內也②。故曰：治於神者，眾人不知其功；爭於明者，眾人知之。

注釋

　　①庇（ㄅ一ˋ）：遮蔽。　閭：古時候二十五家為一閭。
　　②內：同「納」。

譯文

　　墨子在歸國途中，路過宋國。趕上天下大雨，請求到宋國的某閭中躲雨，可是看守閭門的人卻不讓他進入。所以說：致力於解決隱患的大智慧者，眾人常常不瞭解他的功勞；可是解決已很明顯的禍患，卻易於被人瞭解。

◎墨子附錄

《墨子》名言名句

見賢而不急，則緩其君矣。非賢無急，非士無與慮國。

非無安居也，我無安心也；非無足財也，我無足心也。

甘井近竭，招木近伐，靈龜近灼，神蛇近暴。

——以上《親士》

君子戰雖有陳，而勇為本焉；喪雖有禮，而哀為本焉；士雖有學，而行為本焉。

志不強者智不達，言不信者行不果。

——以上《修身》

其友皆好矜奮，創作比周，則家日損，身日危，名日辱。

——以上《所染》

天下從事者，不可以無法儀，無法儀而其事能成者，無有也。

天之行廣而無私，其施厚而不德，其明久而不衰，故聖王法之。

——以上《法儀》

凡五穀者，民之所仰也，君之所以為養也。故民無仰，則君無養；民無食，則不可事。

食者，國之寶也；兵者，國之爪也；城者，所以自守也。此三者，國之具也。

——以上《七患》

是故國有賢良之士眾，則國家之治厚；賢良之士寡，則國家之治薄。故大人之務，將在於眾賢而已。

是故古者聖王之為政也，言曰：「不義不富，不義不貴，不義不親，不義不近。」

263

爵位不高，則民弗敬；蓄祿不厚，則民不信；政令不斷，則民不畏。舉三者授之賢者，非為賢賜也，欲其事之成。

——以上《尚賢上》

古者聖王甚尊尚賢而任使能，不黨父兄，不偏貴富，不嬖顏色。賢者舉而上之，富而貴之，以為官長；不肖者抑而廢之，貧而賤之，以為徒役。

何謂三本？曰：爵位不高，則民不敬也；蓄祿不厚，則民不信也；政令不斷，則民不畏也。

雖天亦不辯貧富、貴賤、遠邇、親疏，賢者舉而尚之，不肖者抑而廢之。

——以上《尚賢中》

古之聖王之治天下也，其所富，其所貴，未必王公大人骨肉之親、無故富貴、面目美好者也。

為賢之道將奈何？曰：有力者疾以助人，有財者勉以分人，有道者勸以教人。

——以上《尚賢下》

古者民始生，未有刑政之時，蓋其語，人異義。是以一人則一義，二人則二義，十人則十義。其人茲眾，其所謂義者亦茲眾。

古者聖王為五刑，請以治其民。譬若絲縷之有紀，網罟之有綱，所以連收天下之百姓不尚同其上者也。

——以上《尚同上》

察天子之所以治天下者，何故之以也？曰：唯以其能一同天下之義，是以天下治。

故當若天降寒熱不節，雪霜雨露不時，五穀不孰，六畜不遂，疾災戾疫，飄風苦雨，薦臻而至者，此天之降罰也，將以罰下人之不尚同乎天者也。

故古者聖人之所以濟事成功，垂名於後世者，無他故異物焉，曰：唯能以尚同為政者也。

——以上《尚同中》

若使天下兼相愛，國與國不相攻，家與家不相亂，盜賊無有，君臣父子皆能孝慈，若此，則天下治。

——以上《兼愛上》

仁人之所以為事者，必興天下之利，除天下之害，以此為事者也。

夫愛人者，人亦從而愛之；利人者，人亦從而利之；惡人者，人亦從而惡之；害人者，人亦從而害之。

——以上《兼愛中》

吾聞為明君於天下者，必先萬民之身，後為其身，然後可以為明君於天下。是故退睹其萬民，饑即食之，寒即衣之，疾病侍養之，死喪葬埋之。

王道蕩蕩，不偏不黨；王道平平，不黨不偏。其直若矢，其易若砥。君子之所履，小人之所視。

故君子莫若欲為惠君、忠臣、慈父、孝子、友兄、悌弟，當若兼之不可不行也。

——以上《兼愛下》

今至大為攻國，則弗知非，從而譽之，謂之義。此可謂知義與不義之別乎？

——以上《非攻上》

君子不鏡於水，而鏡於人。鏡於水，見面之容；鏡於人，則知吉與凶。

——以上《非攻中》

古之知者之為天下度也，必順慮其義而後為之。

今若有能信效先利天下諸侯者，大國之不義也，則同憂之；大國之攻小國也，則同救之。小國城郭之不全也，必使修之；布粟之絕則委之，幣帛不足則共之。以此效大國，則大國之君說。

——以上《非攻下》

聖王為政，其發令、興事、使民、用財也，無不加用而為者。是故用財不費，民德不勞，其興利多矣！

昔者聖王為法，曰：「丈夫年二十，毋敢不處家；女子年十五，毋敢不事人。」

——以上《節用上》

古者明王聖人所以王天下，正諸侯者，彼其愛民謹忠，利民謹厚，忠信相連，又示之以利，是以終身不饜，歿世而不卷。

古者聖王制為飲食之法，曰：「足以充虛繼氣，強股肱，耳目聰明，則止。不極五味之調、芬香之和，不致遠國珍怪異物。

——以上《節用中》

仁者之為天下度也，辟之無以異乎孝子之為親度也。

今唯無以厚葬久喪者為政，國家必貧，人民必寡，刑政必亂。今天下之士君子，中請將欲為仁義，求為上士，上欲中聖王之道，下欲中國家百姓之利，故當若節喪之為政，而不可不察此者也。

——以上《節葬下》

順天意者，兼相愛，交相利，必得賞；反天意者，別相惡，交相賊，必得罰。

——以上《天志上》

民有三患，饑者不得食，寒者不得衣，勞者不得息。

——以上《非樂上》

治於神者，眾人不知其功；爭於明者，眾人知之。

——以上《公輸》

《墨子》重要研究著述

著作部分——
《墨辯注》
晉代魯勝撰，已佚，僅存《墨辯注敘》。
《墨子注》
清代畢沅撰。
《墨子詁》
清代孫詒讓撰。彙集前人及當時人研究墨子的成果，使《墨子》文字通順，流暢可讀，為研究墨家學說的重要依據。有《諸子集成》本。
《墨子學案》、《墨經校釋》
梁啟超撰。
《中國哲學史大綱•墨子》、《中國哲學史大綱•別墨》
胡適撰。書中用實用主義哲學的眼光敘述和評判墨子學說。
《墨子》
任繼愈著，上海人民出版社 1956 年 7 月第 1 版。
《墨家的形式邏輯》
詹劍峰著，湖北人民出版社 1956 年 9 月第 1 版。
《墨子研究論文集》
欒調甫著，人民出版社 1957 年 6 月第 1 版。
《墨經校詮》
高亨著，科學出版社 1958 年 1 月第 1 版。
《墨子的哲學與科學》
詹劍峰著，人民出版社 1981 年 12 月第 1 版。
《中國科學技術史•墨家和名家》
李約瑟著，科學出版社、上海古籍出版社聯合出版，1990 年 8 月第 1 版。

《墨經中的數學和物理學》
方孝博著，中國社會科學出版社 1983 年 7 月第 1 版。
《墨子詁參正》
馬宗霍著。考訂孫詒讓之正誤。
《〈墨子〉校釋商兌》
王煥鑣著，中國社會科學出版社 1986 年 5 月第 1 版。
《墨子校釋》
王煥鑣著，浙江文藝出版社 1984 年 11 月第 1 版。
《墨子今注今譯》
李漁叔撰，臺灣商務印書館出版。
《墨子白話今譯》
吳龍輝撰，中國書店出版。
《墨子新論》
楊俊光著，江蘇教育出版社 1992 年 7 月第 1 版。
《墨子的智慧》
孫中原著，生活•讀書•新知三聯書店 1995 年 9 月第 1 版。
《墨學新探》
王冬珍著，世界書局 1981 年 11 月第 2 版。
《墨經分類譯注》
譚戒甫撰，中華書局 1981 年 9 月第 1 版。
《墨經新義》
許孔璋撰，中國科學技術出版社 1995 年 12 月第 1 版。
《墨經的邏輯學》
沈有鼎著，中國社會科學出版社 1980 年 9 月第 1 版。
《墨辯邏輯學》（修訂本）
陳孟麟著，齊魯書社 1983 年 10 月第 1 版。

國家圖書館出版品預行編目(CIP)資料

墨子全書 / 墨子原著. -- 初版. -- 臺北市 ：
華志文化，2019.04
　面；　公分. --（諸子百家大講座；18）
ISBN 978-986-97460-1-4（平裝）

1. 墨子 2. 研究考訂

121.417　　　　　　　　　　108002681

華志文化事業有限公司

系列／諸子百家大講堂18
書名／墨子全書
書號／D018

原著　墨子（翟）
執行編輯　簡煜哲
美術編輯　楊雅婷
封面設計　王志強
文字校對　陳欣欣
企劃執行　張淑芬
總編輯　黃志中
社長　楊凱翔
出版者　華志文化事業有限公司
電子信箱　huachihbook@yahoo.com.tw
電話　0937075060
地址　116 台北市文山區興隆路四段九十六巷三弄六號四樓

總經銷商　旭昇圖書有限公司
地址　235 新北市中和區中山路二段三五二號二樓
電話　02-22451480
傳真　02-22451479
郵政劃撥　戶名：旭昇圖書有限公司（帳號：12935041）

出版日期　西元二○一九年四月初版第一刷　Printed In Taiwan
版權所有　禁止翻印
本書由三晉出版社授權獨家發行繁體字版權